T0193973

essentials

essentials liefern aktuelles Wissen in konzentrierter Form. Die Essenz dessen, worauf es als „State-of-the-Art" in der gegenwärtigen Fachdiskussion oder in der Praxis ankommt. *essentials* informieren schnell, unkompliziert und verständlich

- als Einführung in ein aktuelles Thema aus Ihrem Fachgebiet
- als Einstieg in ein für Sie noch unbekanntes Themenfeld
- als Einblick, um zum Thema mitreden zu können

Die Bücher in elektronischer und gedruckter Form bringen das Expertenwissen von Springer-Fachautoren kompakt zur Darstellung. Sie sind besonders für die Nutzung als eBook auf Tablet-PCs, eBook-Readern und Smartphones geeignet. *essentials:* Wissensbausteine aus den Wirtschafts-, Sozial- und Geisteswissenschaften, aus Technik und Naturwissenschaften sowie aus Medizin, Psychologie und Gesundheitsberufen. Von renommierten Autoren aller Springer-Verlagsmarken.

Weitere Bände in der Reihe http://www.springer.com/series/13088

Dirk Lippold

Neue Perspektiven für das B2B-Marketing

Geschäftsbeziehungen zwischen
Unternehmen effizient gestalten

 Springer Gabler

Dirk Lippold
Berlin, Deutschland

ISSN 2197-6708   ISSN 2197-6716   (electronic)
essentials
ISBN 978-3-658-26359-1   ISBN 978-3-658-26360-7   (eBook)
https://doi.org/10.1007/978-3-658-26360-7

Die Deutsche Nationalbibliothek verzeichnet diese Publikation in der Deutschen Nationalbibliografie; detaillierte bibliografische Daten sind im Internet über http://dnb.d-nb.de abrufbar.

Springer Gabler
© Springer Fachmedien Wiesbaden GmbH, ein Teil von Springer Nature 2019
Das Werk einschließlich aller seiner Teile ist urheberrechtlich geschützt. Jede Verwertung, die nicht ausdrücklich vom Urheberrechtsgesetz zugelassen ist, bedarf der vorherigen Zustimmung des Verlags. Das gilt insbesondere für Vervielfältigungen, Bearbeitungen, Übersetzungen, Mikroverfilmungen und die Einspeicherung und Verarbeitung in elektronischen Systemen.
Die Wiedergabe von allgemein beschreibenden Bezeichnungen, Marken, Unternehmensnamen etc. in diesem Werk bedeutet nicht, dass diese frei durch jedermann benutzt werden dürfen. Die Berechtigung zur Benutzung unterliegt, auch ohne gesonderten Hinweis hierzu, den Regeln des Markenrechts. Die Rechte des jeweiligen Zeicheninhabers sind zu beachten.
Der Verlag, die Autoren und die Herausgeber gehen davon aus, dass die Angaben und Informationen in diesem Werk zum Zeitpunkt der Veröffentlichung vollständig und korrekt sind. Weder der Verlag, noch die Autoren oder die Herausgeber übernehmen, ausdrücklich oder implizit, Gewähr für den Inhalt des Werkes, etwaige Fehler oder Äußerungen. Der Verlag bleibt im Hinblick auf geografische Zuordnungen und Gebietsbezeichnungen in veröffentlichten Karten und Institutionsadressen neutral.
Springer Gabler ist ein Imprint der eingetragenen Gesellschaft Springer Fachmedien Wiesbaden GmbH und ist ein Teil von Springer Nature
Die Anschrift der Gesellschaft ist: Abraham-Lincoln-Str. 46, 65189 Wiesbaden, Germany

Was Sie in diesem *essential* finden können

Sie erfahren,

- wie im B2B-Sektor richtig segmentiert wird und damit Streuverluste minimiert werden,
- welche beiden Positionierungselemente es gibt, um sich entscheidend vom Wettbewerb abzuheben,
- warum das Online-Marketing den klassischen Kommunikationsinstrumenten und -medien im B2B-Bereich deutlich überlegen ist,
- warum der Vertrieb zwar das teuerste, zugleich aber auch das beste B2B-Marketinginstrument ist und welche Werttreiber den Vertrieb bestimmen,
- wie der B2B-Akquisitionsprozess entscheidend verkürzt und gleichzeitig die Abschlussquote signifikant erhöht werden kann,
- warum das Geschäft mit der vorhandenen Kundenbasis auch im B2B-Sektor häufig viel wertvoller sein kann als das reine Neugeschäft,
- und warum die Marketing-Gleichung generell so wertvoll für jeden B2B-Sektor ist.

Vorwort

Warum hat das Marketing im B2B-Sektor vermeintlich so abgewirtschaftet und warum steht der Vertrieb als funktionale Einheit so glänzend da? Warum ist der Vertriebsbereich regelmäßig im Vorstand oder in der Geschäftsführung eines Industrieunternehmensvertreten und das Marketing nur ganz selten? Warum wird das Marketing eigentlich so stiefmütterlich behandelt? Ganz einfach, weil es das B2B-Marketing in den allermeisten Fällen nicht über den Status einer Werbeabteilung hinausgebracht hat!

Mit den nachstehenden Ausführungen soll das B2B-Marketing aus dem Dornröschenschlaf erweckt werden. Es wird aufgezeigt, wie das Marketing mit seiner Denkhaltung dem Unternehmen und sich selber nicht nur helfen, sondern auch entscheidende Impulse verleihen kann. Rückenwind und eine frische Perspektive gibt dabei die Anwendung der Marketing-Gleichung als zukunftsweisendes Denk- und Handlungskonzept.

Berlin   Dirk Lippold
im Februar 2019

Inhaltsverzeichnis

555

55 stop

Marketing – Stiefmutter aller betrieblichen Funktionen im B2B-Sektor

1

Ob bei der Vermarktung von Roh-, Hilfs- und Betriebsstoffen, technischen Anlagen, Ersatzteilen, Werkzeugmaschinen, Produktkomponenten, Telekommunikationseinrichtungen oder Beratungsleistungen, Marketing ist und bleibt einer der wichtigsten Erfolgsfaktoren. Viele fokussieren diesen Erfolgsfaktor allerdings ausschließlich auf das *Branding,* also auf eine gut eingeführte Marke. Das ist aber bei genauerer Betrachtung der Abläufe und Aktivitäten auf der Absatzseite eines Unternehmens zu kurz gegriffen. Im Gegenteil, Marketing *und* Vertrieb sind die ganz entscheidenden Faktoren einer erfolgreich operierenden Unternehmenseinheit – wenn auch das Branding, also eine solide Marke, in vielen Fällen die Initialzündung für spätere Aufträge sein kann.

1.1 Neue Perspektiven für das B2B-Marketing

Da heutzutage immer mehr marktstrategische Themen am eigentlichen Marketingmanagement vorbeigehen und stattdessen von speziell eingerichteten Stabsabteilungen, Strategieberatern, Inhouse Consultants, Task Forces oder gar von der Geschäftsführung selber verfolgt werden, bietet die **Marketing-Gleichung** eine neue, frische Perspektive für das Marketing als Erfolgsfaktor auch im B2B-Sektor.

Die Marketing-Gleichung hebt also nicht nur auf die Initialzündung bei der Auftragsvergabe ab, sondern sie betrachtet neben den strategischen Marketingaktivitäten – wie Segmentierung und Positionierung als Grundlage der Kommunikation mit dem Kunden – auch die vertrieblichen Aktivitäten, wie das erfolgreiche Akquisitionsgespräch und die Kundenbetreuung.

Die Anwendung der Marketing-Gleichung für B2B liefert dementsprechend:

© Springer Fachmedien Wiesbaden GmbH, ein Teil von Springer Nature 2019
D. Lippold, *Neue Perspektiven für das B2B-Marketing,* essentials,
https://doi.org/10.1007/978-3-658-26360-7_1

- Aussagen über Kundennutzen und Kundenvorteil im B2B-Zielsegment
- Aussagen über die zielgruppengerechte Segmentierung des Kundenmarktes
- Aussagen über die wirkungsvolle Positionierung in den ausgewählten Zielsegmenten
- Aussagen über den Einsatz der digitalen Kommunikationsinstrumente
- Aussagen über Vertriebsstrukturen im B2B-Sektor
- Aussagen über die Effektivität und Effizienz von Akquisitionsprozessen im B2B-Geschäft
- Aussagen über einen nachhaltigen Betreuungsprozess der gewonnenen Kunden.

Die Idee der Marketing-Gleichung beruht auf zwei Grundüberlegungen: Zum einen ist es die Darstellung und Analyse der **Marketing-Wertschöpfungskette,** zum anderen ist es die Erkenntnis, dass der **Wettbewerbsvorteil** maßgebend für die Unternehmensexistenz ist. Schon der bedeutendste Marketing-Theoretiker des 20. Jahrhundert, der Amerikaner Wroe Alderson, hat konstatiert, „dass kein Unternehmen in einen Markt eintritt, wenn es nicht die Erwartung hat, einen gewissen Vorteil für seine Kunden bieten zu können" (Alderson 1957, S. 106 zit. nach Kuß 2013, S. 233).

Nahezu jeder Marketer ist in seinem Berufsleben mindestens einmal dazu aufgefordert worden, für sein Unternehmen ein Marketing-Konzept oder – etwas anspruchsvoller – eine Marketing-Strategie zu entwickeln. Solch ein „Entwurf" lässt sich deutlich leichter angehen, wenn man über einen vernünftigen Handlungsrahmen – also eine Gliederung – verfügt, der den geforderten Marketing-Prozess schrittweise aufführt, in seine wichtigsten Prozessphasen zerlegt und zugleich die Voraussetzung für eine Optimierung der angestrebten Marketing-Ziele schafft.

Zentrales Ziel des Marketings muss es somit sein, die Vorteile des eigenen Unternehmens auf die Bedürfnisse vorhandener und potenzieller Kunden auszurichten. Die Bestimmungsfaktoren dieser Vorteile sind das Produkt- und Leistungsportfolio, die besonderen Fähigkeiten, das Know-how und die Innovationskraft, kurzum, die fachlichen oder technischen **Wettbewerbsvorteile** und damit das Akquisitionspotenzial des Unternehmens. Dieser Wettbewerbsvorteil (an sich) ist aber letztlich ohne Bedeutung. Entscheidend ist vielmehr, dass der Wettbewerbsvorteil auch von den Kunden wahrgenommen wird. Erst die Akzeptanz im Markt sichert den nachhaltigen Gewinn. Genau diese Lücke zwischen dem Wettbewerbsvorteil *an sich* und dem vom Markt *honorierten* Wettbewerbsvorteil gilt es zu schließen. **Damit** sind gleichzeitig auch die beiden Pole aufgezeigt, zwischen denen die Marketing-Wertschöpfungskette einzuordnen ist. Eine Optimierung des Marketingprozesses führt somit zwangsläufig zur Schließung dieser Lücke (vgl. Lippold 2010, S. 3 f.).

1.2 Elemente und Aufbau der Marketing-Gleichung

Voraussetzung für die angestrebte Optimierung ist, dass der Marketingprozess in seine Prozessphasen *Segmentierung, Positionierung, Kommunikation, Vertrieb bzw. Distribution, Akquisition* und *Betreuung* zerlegt wird und diese jeweils einem zu optimierendem **Kundenkriterium** zugeordnet werden:

- *Segmentierung* zur Optimierung des *Kundennutzens*
- *Positionierung* zur Optimierung des *Kundenvorteils*
- *Kommunikation* zur Optimierung der *Kundenwahrnehmung*
- *Vertrieb bzw. Distribution* zur Optimierung der *Kundennähe*
- *Akquisition* zur Optimierung der *Kundenakzeptanz*
- *Betreuung* zur Optimierung der *Kundenzufriedenheit*

Entsprechend lässt sich folgende Gleichung im Sinne einer Identitätsbeziehung ableiten:

Wettbewerbsvorteil (an sich) + Kundennutzen + Kundenvorteil + Kundenwahrnehmung + Kundennähe + Kundenakzeptanz + Kundenzufriedenheit = Vom Markt honorierter Wettbewerbsvorteil

Abb. 1.1 veranschaulicht den ganzheitlichen Ansatz der Marketing-Gleichung, in dem sie die Prozessphasen in einen zeitlichen und inhaltlichen Wirkungszusammenhang stellt.

Es geht aber nicht um eine mathematisch-deterministische Auslegung des Begriffs „Gleichung". Angestrebt wird vielmehr der Gedanke eines herzustellenden *Gleichgewichts* (und *Identität*) zwischen dem Wettbewerbsvorteil *an sich* und dem vom Kunden *honorierten* Wettbewerbsvorteil. Mit anderen Worten, hinter dieser Begriffsbildung steht die Überlegung, dass das Gleichgewicht durch die Addition der einzelnen, an Kundenkriterien ausgerichteten Prozessphasen erreicht werden kann (vgl. Lippold 1998, S. 9 f.).

Zur Veranschaulichung dieser Gleichgewichtsbeziehung dient die in der Abb. 1.2 vorgenommene Darstellung in Form einer Waage.

Abb. 1.1 Marketing-Prozessphasen

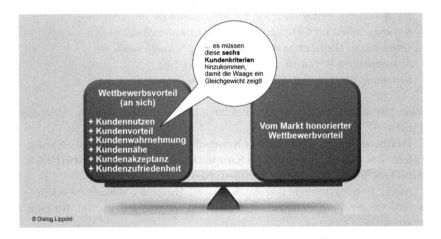

Abb. 1.2 Marketing-Waage

Mit der Marketing-Gleichung liegt ein praxisorientierter Ansatz vor, der auf eine (mehr theoretische) Trennung von Strategie und Mix verzichtet, gleichwohl aber ein Vorgehensmodell und einen Handlungsrahmen für die zielgerichtete Maßnahmenplanung und den entsprechenden Mitteleinsatz darstellt. Auf dem Fundament der Marketing-Gleichung werden für jede Prozessphase die entscheidenden Aktionsparameter und Werttreiber sichtbar gemacht. Gleichzeitig zeigt die Marketing-Gleichung sehr deutlich, welche Wertschöpfungsphasen aus organisatorischer Sicht dem Marketingmanagement und welche dem Vertriebsmanagement zugerechnet werden (siehe Abb. 1.3).

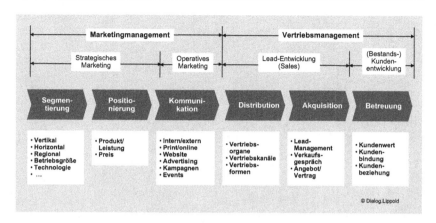

Abb. 1.3 Systematik der Marketing-Gleichung

Danach sind die Phasen *Segmentierung* und *Positionierung* organisatorisch dem strategischen Marketing und die Phase *Kommunikation* dem operativen Marketing zuzuordnen. Die Phasen *Vertrieb, Akquisition* und *Betreuung* sind dagegen Domänen des Vertriebsmanagements.

Segmentierung – Optimierung des Kundennutzens

2

Jeder B2B-Sektor besteht aus einer Vielzahl von Kundenunternehmen, die sich in ihren Zielsetzungen, Anforderungen und Wünschen zum Teil deutlich unterscheiden. Unterteilt man die Menge der potenziellen Kunden derart, dass sie in mindestens einem relevanten Merkmal übereinstimmen, so erhält man Kundengruppen, die als Teilmärkte bzw. Segmente bezeichnet werden. Eine solche Segmentierung ist immer dann anzustreben, wenn die Marktsegmente einzeln effektiver und effizienter bedient werden können als der Gesamtmarkt (vgl. Kotler et al. 2007, S. 357).

Im Rahmen des B2B-Vermarktungsprozesses ist die Segmentierung, d. h. die Auswahl attraktiver Marktsegmente für die Geschäftsfeldplanung der Unternehmen, das *erste* wichtige *Aktionsfeld* bzw. die erste Phase der Marketing-Wertschöpfungskette.

2.1 Zweistufige Segmentierungspraxis

Der jeweilige B2B-Bereich wird in Teilmärkte (Segmente) derart aufgeteilt, dass die einzelnen Segmente Unternehmen und Organisationen enthalten, die ähnliche Eigenschaften aufweisen und nach gleichen Gesichtspunkten einkaufen. Die Marktsegmentierung muss sicherstellen, dass Leistungen, Preise, Vertriebswege und Kommunikationsmaßnahmen zu den spezifischen Anforderungen der identifizierten Kundengruppen passen. Damit wird deutlich, welche bedeutende Rolle die Segmentierung des Zielmarktes auch im B2B-Marketing einnimmt. Von besonderer Bedeutung ist dabei das Verständnis für eine *kundenorientierte Durchführung* der Segmentierung, denn der Vermarktungsprozess sollte grundsätzlich aus Sicht der Kunden beginnen. Daher steht die *Kundenanalyse,* die sich mit den

© Springer Fachmedien Wiesbaden GmbH, ein Teil von Springer Nature 2019
D. Lippold, *Neue Perspektiven für das B2B-Marketing,* essentials,
https://doi.org/10.1007/978-3-658-26360-7_2

Zielen, Problemen und Nutzenvorstellungen der potenziellen Kunden befasst, im Vordergrund der Segmentierung. Die hiermit angesprochene Rasterung der Kundengruppen erhöht die Transparenz des Marktes, lässt Marketing-Chancen erkennen und bietet die Möglichkeit, Produkt- und Leistungsmerkmale feiner zu differenzieren.

Für das Anwendungsfeld des B2B-Marketings bietet es sich an, die Segmentierung in zwei Stufen vorzunehmen (vgl. auch Lippold 2018a, S. 216 ff.):

1. Stufe: **Makrosegmentierung** zur Abgrenzung von Kundengruppen mit homogener Problemlandschaft und Nutzenvorstellung und
2. Stufe: **Mikrosegmentierung** zur Auswahl und Ansteuerung der an der Kaufentscheidung beteiligten Personen *innerhalb* der ausgewählten Kundengruppe.

2.2   Makrosegmentierung

Die (strategisch ausgelegte) Makrosegmentierung konzentriert sich problembezogen auf eine effiziente Aufteilung des Gesamtmarktes in möglichst homogene Teilmärkte. Dabei wird eine Beschreibung und Abgrenzung der Kundengruppen mithilfe organisationsbezogener Kriterien vorgenommen, die in etwa den „demografischen" Kriterien im B2C-Bereich entsprechen (vgl. Lippold 1998, S. 111):

- Vertikale Märkte (Branchen)
- Horizontale Märkte (Funktionen)
- Räumliche Märkte (Regionen)
- Betriebsgröße (Umsatz, Anzahl der Beschäftigten, Bilanzsumme etc.)
- Technologie (Hardware, Vernetzung, Datenbanksystem, Anwendungssysteme etc.)

2.2.1   Vertikale Segmentierung

Aus Sicht vieler B2B-Unternehmen ist die vertikale Segmentierung, d. h. die Aufteilung des Marktes nach **Branchen** maßgebend. Neben der generellen Branchenzugehörigkeit (Industrie, Handel, Banken, Versicherungen, Transport, Verkehr, sonstige Dienstleistungen und Öffentlicher Bereich) ist vor allem die Differenzierung *innerhalb* dieser Wirtschaftsbereiche besonders aussagekräftig. Im industriellen Bereich beispielsweise kann weiter unterschieden werden nach *Wirtschaftsabteilungen* wie chemische Industrie, Maschinen- und Anlagenbau,

Elektroindustrie etc. oder nach *Fertigungsarten* wie Auftrags- und Einzelfertiger, Serienfertiger, Massenfertiger und Prozessfertiger. Häufig bietet erst eine solch umfassende Differenzierung (z. B. anhand eines **Segmentierungsbaumes** wie in Abb. 2.1 dargestellt) Anhaltspunkte dafür, welche primären Zielgruppen ausgewählt, oder welche Organisationsgruppen als weniger relevant ausgeschlossen werden sollen (vgl. Lippold 1993, S. 226).

2.2.2 Segmentierungsbeispiel Fertigungsindustrie

Eine besonders aussagekräftige Segmentierung im Bereich der Fertigungsindustrie hat die Unternehmensberatung UBM (heute: Oliver Wyman) für ihre Kunden entwickelt. Dabei werden die beiden Merkmale *Stabilität des Produktionsprozesses* und *Komplexität des zu fertigenden Produktes* zueinander in Beziehung gesetzt. Die Stabilität des Produktionsprozesses korreliert sehr stark mit der Anzahl der produzierten Erzeugnisse und wird mit den Ausprägungen *niedrig, mittel* und *hoch* auf der Abszisse abgetragen. Auf der Ordinate werden die verschiedenen Komplexitätsstufen des Produktes dargestellt. Je komplexer das zu fertigende Produkt ist, desto höher sind auch die Anforderungen an die *Stücklistenorganisation.* Auf diese Weise lassen sich dann Industriesegmente

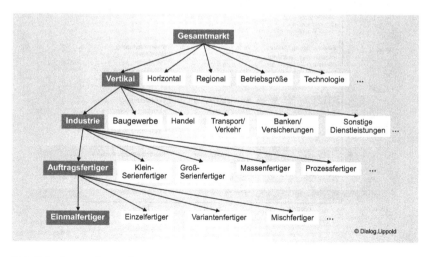

Abb. 2.1 Segmentierungsbaum

wie Einmal-, Einzel-, Varianten-, Massen-, Wiederhol- oder Prozessfertiger voneinander abgrenzen (siehe Abb. 2.2).

2.2.3   Segmentierungsbeispiel Mittelstandsberatung

Ein sehr wirkungsvolles Beispiel für die Bestimmung relevanter Zielgruppen im B2B-Mittelstand liefert Abb. 2.3. Danach werden die beiden Merkmale *Unternehmensperformance* (mit den Ausprägungen *niedrig, mittel* und *hoch*) und *Unternehmenszugehörigkeit* (mit den Ausprägungen *Entrepreneurial Companies, Corporate Companies* und *Semi-public Companies*) zueinander in Beziehung gesetzt. Die so identifizierten Marktsegmente reichen von „erfolgreichen" und „innovativen" Unternehmen, über „Start-ups" bis hin zu „Sanierungsfällen" und „Insolvenzen". Auf diese Weise lässt sich für B2B-Anbieter im Mittelstand der spezifische Bedarf für die einzelnen Marktsegmente ableiten (vgl. Lippold 2010, S. 7).

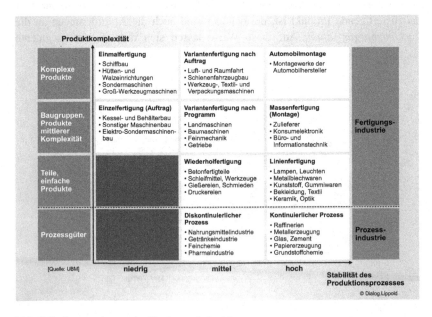

Abb. 2.2   Segmentierung der Fertigungsindustrie

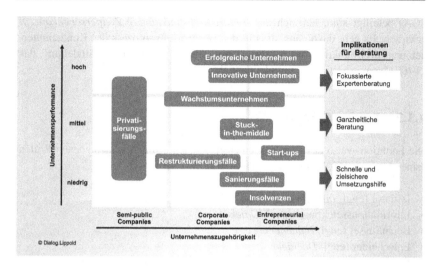

Abb. 2.3 Segmentierung des Mittelstands

2.3 Mikrosegmentierung

Der Segmentierung auf Mikroebene (Unternehmensebene) liegt eine andere logische Dimension zugrunde als der Makrosegmentierung. Während in der Makrosegmentierung die strategisch bedeutsame Auswahl des zu bearbeitenden Marktausschnitts (Zielgruppe) getroffen wird, legt die Mikrosegmentierung fest, welche *Zielpersonen* innerhalb der zuvor definierten *Zielgruppe* angesprochen werden sollen. Als Kriterien zur Abgrenzung der Mikrosegmente können Merkmale der an der Kaufentscheidung beteiligten Personen, wie Stellung in der Hierarchie, Zugehörigkeit zu bestimmten Funktionsbereichen oder persönliche Charakteristika, herangezogen werden. Für das B2B-Marketing ist diese *Multipersonalität* von besonderer Bedeutung. Zwei *Zielpersonenkonzepte* bieten sich besonders an: das *hierarchisch-funktionales Zielpersonenkonzept* und das *Buying Center* (vgl. Lippold 1998, S. 130 ff.).

2.3.1 Hierarchisch-funktionales Zielpersonenkonzept

Als eine sehr pragmatische Abgrenzung von Personen, die bei der Auswahl insbesondere von IT-orientierten Dienstleistungen (z. B. ERP-Einführungsberatung,

SOA) beteiligt sind, hat sich das *hierarchisch-funktionale Zielpersonenkonzept* erwiesen. Es geht davon aus, dass in den Beschaffungsprozess des Kundenunternehmens drei Funktionsbereiche involviert sein können: die Geschäftsleitung, das IS-/IT-Management (CIO) und die Fachabteilung.

2.3.2 Buying Center

Die Funktionsweise des Buying Center ergibt sich aus den verschiedenen Rollen seiner Akteure (vgl. Webster und Wind 1972, S. 72 ff.):

- Initiator (engl. *Initiator*)
- Informationsselektierer (engl. *Gatekeeper*)
- Beeinflusser (engl. *Influencer*)
- Entscheider (engl. *Decider*)
- Einkäufer (engl. *Buyer*)
- Benutzer (engl. *User*).

Von besonderer Bedeutung für das B2B-Marketing ist es, die Mitglieder des Buying Center zu identifizieren und diese in ihrem Rollenverhalten zu analysieren.

Positionierung – Optimierung des Kundenvorteils

Die **Positionierung** ist das zweite wichtige Aktionsfeld bzw. die zweite Prozessphase im Vermarktungsprozess. Sie zielt darauf ab, innerhalb der definierten Segmente bzw. Geschäftsfelder eine klare *Differenzierung* gegenüber dem Leistungsangebot des Wettbewerbs vorzunehmen. Die Einbeziehung des Wettbewerbs und seiner Stärken und Schwächen ist also ein ganz entscheidendes Merkmal der Positionierung.

3.1 Kundenvorteil statt nur Kundennutzen

Jedes Unternehmen tritt in seinen Marktsegmenten gegen einen oder mehrere Wettbewerber an. In dieser Situation reicht es nicht aus, *ausschließlich* nutzenorientiert zu argumentieren. Neben den reinen **Kunden*nutzen*** muss vielmehr der **Kundenvorteil** treten. Der Kundenvorteil ist der Vorteil, den der Kunde beim Erwerb der Leistung gegenüber der des Wettbewerbers hat. Wer überlegenen Nutzen (= Kundenvorteil) bieten will, muss die Bedürfnisse, Probleme, Ziele und Nutzenvorstellungen des Kundenunternehmens sowie die Vor- und Nachteile bzw. Stärken und Schwächen seines Leistungsangebotes gegenüber denen des Wettbewerbs kennen. Die Positionierung zielt also auf die Optimierung des Kundenvorteils ab.

Die wesentlichen Fragen zur Positionierung sind:

- Wie differenziert sich das eigene Angebot von dem des Wettbewerbs?
- Welches sind die wichtigsten *Alleinstellungsmerkmale?*

Bei der Beantwortung geht es allerdings nicht so sehr um die Herausarbeitung von Wettbewerbsvorteilen an sich. Entscheidend sind vielmehr jene Produkt- und

© Springer Fachmedien Wiesbaden GmbH, ein Teil von Springer Nature 2019
D. Lippold, *Neue Perspektiven für das B2B-Marketing,* essentials,
https://doi.org/10.1007/978-3-658-26360-7_3

Leistungsvorteile, die für den **Kunden** interessant sind und einen besonderen Wert für ihn haben. Ein Unternehmen kann diesen Wert, dieses *„Mehr an Nutzen bieten, indem es besser, neuer, schneller oder preisgünstiger ist"* (Kotler et al. 2007, S. 400).

Ein Unternehmen kann diesen Wert, dieses Mehr an Nutzen bieten, indem es besser, neuer, schneller oder preisgünstiger ist oder einen besseren Standort hat. Produkt- und Leistungsvorteile müssen also ein Bedürfnis bzw. ein Problem der Zielgruppe (z. B. einer bestimmten Branche) befriedigen bzw. lösen. Vorteile, die diesen Punkt nicht treffen, sind von untergeordneter Bedeutung. Unternehmen, die es verstehen, sich im Sinne des Kundenproblems positiv vom Wettbewerb abzuheben, haben letztendlich die größeren Chancen bei der Auftragsvergabe.

3.2   Produkt/Leistung als Positionierungselement

Grundsätzlich gibt es zwei Möglichkeiten, die Stärken von B2B-Unternehmen in Kundenvorteile umzusetzen: Entweder mit dem **Produkt- bzw. Leistungsvorteil** oder mit dem **Kosten- bzw. Preisvorteil.** Die Positionierung von Leistungsvorteilen ist häufig sehr viel schwieriger als die von Preisvorteilen, da der Preis- oder Kostenvorteil ceteris paribus objektivierend wirkt. Das Kriterium der leistungsbezogenen Differenzierung kann daher nur der *Alleinstellungsanspruch* sein, denn die Einzigartigkeit wird im Wettbewerbsvergleich ebenfalls objektivierend beurteilt. Prinzipiell bietet jeder Leistungsparameter Chancen, Kundenvorteile zu erzielen. Entscheidend für die Durchsetzung von Kundenvorteilen ist, dass sich der Kommunikationsinhalt auf Einzigartigkeit, Verteidigungsfähigkeit und auf jene Leistungseigenschaften konzentrieren sollte, die der Kunde besonders hoch gewichtet. Damit führt die Positionierung zur Bestimmung des Kommunikationsinhaltes, denn jegliche Kommunikation mit dem Kunden sollte auf dessen Vorteil ausgerichtet sein. (vgl. Große-Oetringhaus 1986, S. 3 und 41).

3.2.1   Alleinstellungsmerkmale sichtbar machen

Eine der Hauptaufgaben für das Marketing besteht demnach darin, diese **Alleinstellungsmerkmale** (engl. *Unique Selling Proposition – USP*) ausfindig zu machen, gegenüber dem Markt zu kommunizieren und damit *Präferenzen* zu bilden. Die Differenzierungsmöglichkeiten können je nach Branche sehr unterschiedlich sein. In einigen Branchen können solche Kundenvorteile relativ leicht gewonnen werden, in anderen ist dies nur sehr schwer möglich. Ersatzweise können dann Leistungsmerkmale herangezogen werden, die für sich genommen zwar keinen Alleinstellungsanspruch rechtfertigen, sehr wohl aber in ihrer *Kombination* einen Kundenvorteil darstellen.

3.2.2 Potenzial-, Prozess- und Programmunterschiede

Für das B2B-Marketing können Potenzialunterschiede, Prozessunterschiede und Programmunterschiede im Vergleich zum Wettbewerb herangezogen werden. Zu den **Potenzialunterschieden** als Quelle für den Kundenvorteil zählen z. B. ein patentrechtlich geschütztes Wissen ebenso wie der Zugang zu dominanten Technologien, ein exklusives Vertriebssystem oder besonders fähige Mitarbeiter.

Wettbewerbsrelevante **Prozessunterschiede** ergeben sich insbesondere beim Management der *Supply Chain,* bei den Prozessketten des *Product Lifecycle* sowie beim *Customer Relationship Management.* Hier stellt sich allerdings die Frage, wie solche Prozessketten im Hinblick auf Effektivität und Effizienz und vor allem im Vergleich zum Wettbewerb gemessen bzw. beurteilt werden sollen.

In den **Programmunterschieden** dokumentiert sich der vom Kunden wahrgenommene Marktauftritt eines Anbieters. Unternehmen, die beispielsweise nur als Komponentenlieferant, nur als Systemanbieter oder nur als Dienstleister auftreten, werden sich im Markt anders positionieren als Unternehmen, die über die vollständige Programmbreite verfügen.

Die in Abb. 3.1 aufgezeigten Differenzierungsmöglichkeiten machen deutlich, wie vielfältig die Gestaltungsansätze für das B2B-Marketing sind, um Erfolgsfaktoren und damit Kundenvorteile für eine erfolgreiche Positionierung herauszuarbeiten (vgl. Backhaus und Voeth 2010, S. 148 ff.).

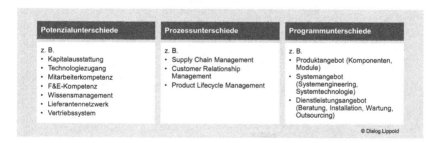

Abb. 3.1 Differenzierungsmöglichkeiten im B2B-Sektor. (Quelle: Backhaus und Voeth 2010)

Häufig besteht der Bedarf, die so gewonnene Positionierung auch zu lokalisieren. Dazu werden die verschiedenen miteinander im Wettbewerb stehenden Leistungen in einem sog. *Eigenschafts- oder Merkmalsraum* angeordnet. Abb. 3.2 zeigt ein Beispiel für einen Merkmalsraum mit fünf Eigenschaften, die kaufentscheidend für eine ganze Reihe von erklärungsbedürftigen B2B-Leistungen sein können. Die Eigenschaften sind hierbei über den Merkmalsraum für drei Positionierungsobjekte (Leistungsangebot A, B und C) gespannt.

3.3   Der Preis als Positionierungselement

Produkte im B2B-Bereich sind in sehr vielen Fällen stark erklärungsbedürftig. Daraus folgt, dass solche Angebote in aller Regel aus einer Kombination aus Produkt und (Dienst-)Leistungen bestehen. Allein schon aus dieser Komplexität lässt sich eine erhebliche akquisitorische Wirkung aus preispolitischen Maßnahmen ableiten. Auch diese Tatsache, dass die Einkaufsabteilungen der Kundenunternehmen sehr häufig das „letzte Wort" bei der Auftragsvergabe haben, ist ein Indiz dafür, dass der Preis im B2B-Sektor sehr häufig verhandelt wird.

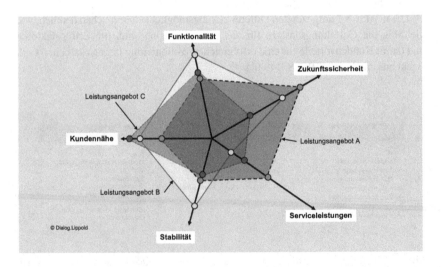

Abb. 3.2 Beispiel für ein Positionierungsmodell mit fünf Dimensionen

3.3.1 Preispolitische Grundlagen im B2B-Geschäft

Unabhängig von diesen grundlegenden Aspekten einer Preispositionierung muss im B2B-Geschäft im Allgemeinen unterschieden werden zwischen

- dem **Angebotspreis** für ein Produkt (zumeist auf Basis einer Preisliste),
- dem **Angebotspreis** für ein Projekt, in den das Honorar der leistenden Mitarbeiter und ggf. auch ein Produktpreis einfließt und

dem **Honorar** eines Kundenberaters als Stunden- oder Tagessatz im Produktumfeld (vgl. im Folgenden Lippold 2018a, S. 234 ff.).

Da Produktpreise und Honorare weitestgehend selbsterklärend sind, soll hier auf die **Preisgestaltung von Projekten** näher eingegangen werden. Aus Kundensicht lassen sich die Preise von Projekten nicht so ohne weiteres vergleichen, weil in die Projektkalkulation neben den Tages- bzw. Stundenhonoraren auch die Bearbeitungsdauer mit einfließt. Die Bearbeitungsdauer hängt wiederum hauptsächlich von der Qualifikation und der Erfahrung des Beraters ab. Insofern entziehen sich Projekte in der Regel einer grundsätzlichen Preisniveau- bzw. Preislagenbeurteilung.

Die Kalkulation von Projekten erfolgt in der Praxis sehr häufig einfach, pragmatisch und nicht immer nach der betriebswirtschaftlichen Lehre. In aller Regel handelt es sich bei der Angebotskalkulation aber um eine kostenorientierte Preisfindung, d. h. die Angebotspreise werden auf der Grundlage von Kosteninformationen getroffen. Diese stellen die Kostenrechnung zur Verfügung. Das Kalkulationsgerüst ergibt sich aus den geschätzten Zeiten der Auftragsdurchführung, aus den direkten Personalkosten (Honorarsätze unterschieden nach Projektleiter, Consultant etc.), weiteren direkt zurechenbaren Kosten wie IT-Servicekosten, Kommunikationskosten, Hilfspersonalkosten, Reisekosten etc. und dem allgemeinen Verwaltungsaufwand (Overhead). In nahezu allen Projekten stellen die Personalkosten den größten Aufwandsblock dar.

Prinzipiell lassen sich bei der Preisgestaltung von Projekten folgende vier Grundformen unterscheiden (siehe Abb. 3.3):

- Projekt nach Aufwand
- Projekt nach Aufwand mit Obergrenze
- Projekt zum Festpreis
- Projekt zum Erfolgshonorar

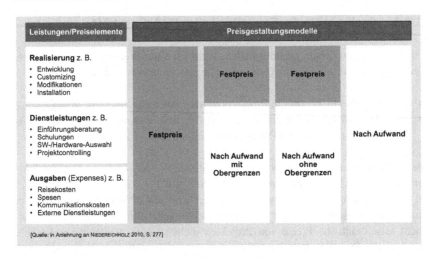

Abb. 3.3   Preisgestaltungsmodelle

3.3.2   Aufwandsprojekte (zumeist vom Anbieter gewünscht)

Beim **Projekt nach Aufwand** (engl. *Time & material*) bezahlt der Kunde den Projektanbieter für die abzuliefernden Projektergebnisse auf der Basis des Arbeitsaufwandes (Zeit- und Materialaufwand), den der Anbieter bei seinem Kundeneinsatz für die Bearbeitung des Projektgegenstandes bzw. für die Erstellung der Projektergebnisse eingesetzt hat (praktisch nur Dienstvertrag). Das Risiko einer evtl. Aufwandsüberschreitung trägt der Kunde. Der Kunde zahlt also für jeden geleisteten Tag.

   Projekt nach Aufwand mit Obergrenze ist ein Zeithonorar mit einem Pauschalbetrag als Obergrenze, innerhalb derer ein am zeitlichen Ressourceneinsatz orientiertes Zeithonorar berechnet wird. Ist bei dieser Mischform die Obergrenze erreicht, kann ggf. neu verhandelt werden.

3.3.3   Festpreisprojekte (zumeist vom Kunden gewünscht)

Beim **Projekt zum Festpreis** zahlt der Kunde eine feste Vergütung, die auf Basis einer Abschätzung des zu erwartenden Zeitaufwandes und eines kostenbezogenen

Zeitmaßstabes (z. B. Tagessatz) vereinbart wird (Werkvertrag zum Festpreis; seltener Dienstvertrag zum Festpreis). Die zeitliche Abschätzung wird zumeist auf der Grundlage eines Pflichtenheftes vorgenommen. Die Garantie eines Festpreises wird regelmäßig vor Projektbeginn vom Anbieter gegeben, der allein das Risiko der evtl. Überschreitung des geplanten Arbeitsaufwands trägt. Der Festpreis kann immer nur einvernehmlich geändert werden. Eine solcher Änderungsantrag (engl. *Change request*), der die Auswirkungen auf die vereinbarten Aufwände und damit auf die Kalkulation des Festpreises spezifiziert, kann von einem der Vertragsparteien nachträglich gestellt werden.

3.3.4 Erfolgsabhängige Projektabrechnung

Beim **Projekt zum Erfolgshonorar** erfolgt die Vergütung in Abhängigkeit von einer bestimmten zu vereinbarenden Erfolgsgröße (z. B. 10 % der monatlichen Einsparung im Kundenunternehmen nach Umsetzung der Ergebnisse). Diese Honorarform ist bis in die jüngste Zeit tabuisiert worden, da es nach deutschem Recht keine Definition des Erfolgs und auch keine anderweitigen parametrisierten Regelungen gibt. Als nachteilige Folgen werden ein möglicher Missbrauch (*„Verleiten Erfolgshonorare zu kundenschädlichem Verhalten?"*) sowie große Anforderungen an die vertraglichen Festlegungen gesehen. Angesichts der Vorteile des Erfolgshonorars (Förderung von Innovation, Unternehmertum, Risikobereitschaft und Finanzierungsvorteil für das Kundenunternehmen) zeichnet sich aber ein Wandel der Einstellung zu dieser Honorarform ab.

Kommunikation – Optimierung der Kundenwahrnehmung

4

Kommunikation im B2B-Marketing besteht in der systematischen Bewusstmachung des Kundenvorteils und schließt damit unmittelbar an die Ergebnisse der Positionierung an. Die Positionierung gibt der Kommunikation vor, *was* im Markt zu kommunizieren ist. Die Kommunikation wiederum sorgt für die Umsetzung, d. h. *wie* das *Was* zu kommunizieren ist. Sie führt zum Aufbau eines umfassenden Meinungsbildungsprozesses mit dem Ziel, dass der Kunde von seinem Vorteil bei den kommunizierten Merkmalen überzeugt ist. Die Kommunikation ist damit die dritte Phase im Rahmen des Vermarktungsprozesses (siehe Abb. 4.1) und zielt auf die **Optimierung der Kundenwahrnehmung** ab.

Kommunikationssignale haben im B2B-Marketing die Aufgabe, einen Ruf aufzubauen und innovative Leistungsvorteile glaubhaft zu machen. Unverzichtbare Elemente sind daher Seriosität, Glaubwürdigkeit und Kompetenz in den Aussagen und Darstellungen. Dazu ist es erforderlich, dass die Signale mehrere Quellen (Unternehmens-, Mitarbeiter-, Vertriebssignale) haben und in sich konsistent sind.

4.1 Klassische vs. digitale Kommunikation

Die **klassische Kommunikation** im Marketing richtet sich an eine Zielgruppe, die sich im Rahmen der Marktsegmentierung selektieren lässt. Diese Selektion geht aber nicht so weit, dass jeder Empfänger der Werbebotschaft identifiziert werden kann. Die Zielpersonen bzw. Zielgruppen werden überwiegend durch Massenmedien angesprochen, wobei zum Teil große Streuverluste in Kauf genommen werden.

© Springer Fachmedien Wiesbaden GmbH, ein Teil von Springer Nature 2019
D. Lippold, *Neue Perspektiven für das B2B-Marketing,* essentials,
https://doi.org/10.1007/978-3-658-26360-7_4

	Klassische (werbliche) Kommunikation	Digitale (werbliche) Kommunikation
Häufig verwendete Synonyme	(Klassische) Werbung	Internet-Werbung, Online-Werbung, Internet-Marketing, Online-Marketing, Dialog-Marketing
Ziel	• Bekanntheit, Image • Einseitige Transaktion (Kunde kauft Produkt/Leistung)	• Reaktion (Response) • Langfristige Kundenbeziehung (Kundenbindung)
Zielgruppe	Eher Massenmarkt	Eher Einzelperson
Medien	Massenmedien	Internet
Kommunikationsfluss	In eine Richtung	In beide Richtungen (Dialog)
Kommunikationswirkung	• Hohe Streuverluste • Aufbau von Markenimages und -präferenzen	• Geringe Streuverluste • Individuelle Kundenbetreuung, geringe Kosten in Relation zur Wirkung
Paradigma/Philosophie	• Economies of Scale • Mass Production	• Economies of Scope • Customized Production
Kundenverständnis	• Anonymer Kunde • Relative Unabhängigkeit Verkäufer/Kunde	Interdependenz Verkäufer/Kunde
Marketingverständnis	Transaktionsmarketing	Beziehungsmarketing

Abb. 4.1 Unterschiede zwischen klassischer und digitaler (werblicher) Kommunikation. (Quelle: In Anlehnung an Holland 2015, S. 8)

Dagegen ist die Botschaft der **digitalen Kommunikation** an einzelne, individuell bekannte Zielpersonen gerichtet. Zumindest wird der Aufbau einer solchen individuellen Beziehung zwischen dem Absender und dem Empfänger der Botschaft angestrebt. Während die klassische Kommunikation mehr das Ziel verfolgt, Image und Bekanntheitsgrad aufzubauen, wird bei der digitalen Kommunikation eine Reaktion (engl. *Response*) des Angesprochenen und eine langfristige Kundenbeziehung angestrebt. So macht die **Werbung im Internet** zwischenzeitlich mehr als ein Viertel des gesamten Nettowerbekuchens aus und liegt damit nur noch knapp hinter der Fernsehwerbung. Damit verschiebt sich auch bei den Unternehmen die Aufmerksamkeit zunehmend von der klassischen Werbung zur Internet-Werbung. Während früher Werbeflächen rar, Produktionskosten hoch und der finanzielle Aufwand einer einzigen Kampagne enorm war, so bietet das weltweite Web eine bislang nicht gekannte Flexibilität. Daher sollen sich die nachstehenden Ausführungen ausschließlich auf die Möglichkeiten der **digitalen** Kommunikation konzentrieren. Abb. 4.1 gibt einen Überblick über wichtige Unterschiede zwischen der klassischen und der digitalen Kommunikation.

4.2 Digitale Kommunikationsinstrumente

Die verschiedenen digitalen Kommunikationsinstrumente, die für die werbliche Beeinflussung der Kunden zur Verfügung stehen und für die oftmals die Begriffe **Online-Werbung** oder **Internet-Werbung** synonym benutzt werden, sollen hier unter dem Aspekt vorgestellt werden, welche Zielsetzung verfolgt wird: *Awareness-Ziele* oder *Response-Ziele*.

Beim Ziel **Awareness** geht es um Image, Bekanntheit oder auch Einstellung. Im Vordergrund steht somit die **Kommunikationsleistung** der Online-Werbung. Hierzu ist es erforderlich, eine möglichst hohe Bruttoreichweite in der Zielgruppe zu verfolgen. Das auszuwählende Kommunikationsinstrument soll kommunizieren und nicht primär zu Klicks anregen. So will man bspw. das Markenimage verbessern oder die Markenbekanntheit steigern. Die Kommunikationsleistung spielt somit auch im B2B-Geschäft die entscheidende Rolle.

Lautet das Ziel dagegen **Response,** so wird eine quantitativ messbare Interaktion angestrebt, die den User von der Werbeträgerseite auf die sogenannte „Landing page" bringt (Kampagnen-Sites oder die Homepage des Werbetreibenden). Hier geht es also um die **Interaktionsleistung** der digitalen Werbung. Die Steigerung der Klickrate und des Kaufinteresses steht hierbei im Vordergrund. Was dann nach dem Klick in Teilnahme, Order oder Ähnliches umgewandelt wird, ist eine Frage der überzeugenden Produktleistung und der Landing Page selbst. Die Interaktionsleistung steht somit für das B2B-Geschäft nicht unbedingt im Vordergrund (vgl. Roddewig 2003, S. 15).

Werden nun die vielfältigen digitalen Kommunikationsinstrumente innerhalb der beiden Zielsetzungsgegenpole nach der Nähe zu den Zielen Awareness und Response geordnet, so ergibt sich die Darstellung in Abb. 4.2.

4.2.1 Website Advertising

Die Website eines Anbieters hat sich in vielen Branchen zum wichtigsten Kontaktpunkt mit dem Kunden entwickelt. Die Unternehmenswebsite ist die Mutter aller Online-Plattformen. Hier informieren sich Kunden über potenzielle Anbieter einer Problemlösung, deren Marken und die Eigenschaften einer Leistung. Wird man im Web nicht gefunden, so schwindet das Interesse am Unternehmen. Die Unternehmenswebsite verfolgt das Ziel, Interessenten in Kunden zu verwandeln. Und auch Kunden und sonstige Stakeholder wollen ihr Unternehmen im Web finden und sich dort weiter informieren. So verwundert es

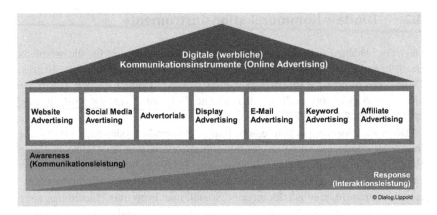

Abb. 4.2 Instrumente der digitalen werblichen Kommunikation. (Quelle: In Anlehnung an Mühlenhoff und hedel 2015, S. 526)

niemanden, dass das Zentrum der Kommunikation heutzutage die Internetseite des Unternehmens bildet.

4.2.2   Social Media Advertising

Social Media Advertising ist ein Werbeformat im Internet, bei dem die Werbeanzeige auf das Sozialverhalten der Nutzer eingeht und als dessen Informationsgrundlage die Struktur des sozialen Netzwerks des Nutzers dient. Social Media Ads spielen aufgrund ihrer hohen Reichweite und vielfältigen Segmentierungsmöglichkeiten eine zunehmend wichtige Rolle, um heute im Internet gefunden und wahrgenommen zu werden. Viele Social Media Plattformen wie Facebook, Twitter oder YouTube besitzen durch die Userprofile und das Tracking des Userverhaltens hervorragende Möglichkeiten, um Zielgruppen für die Werbemaßnahmen der Unternehmen zu identifizieren und nutzbar zu machen. Die Social Media Portale bieten eine Vielzahl attraktiver Anzeigenformate und Anzeigenmechaniken, darunter auch die Aussteuerung nach demografischen und psychografischen Attributen. **Professionelle Netzwerke** wie Xing oder LinkedIn dienen gezielt dem Austausch zwischen Geschäftspartnern, Mitarbeitern sowie zwischen Bewerbern und Unternehmen. Sie bieten die Vorzüge und Kommunikationsmöglichkeiten eines Social Networks, setzen dabei jedoch im Gegensatz zu Facebook ganz auf Seriosität der Inhalte.

4.2.3 Advertorials

Ein **Advertorial** ist die redaktionelle Aufmachung einer (getarnten) Werbean-zeige, die den Anschein eines redaktionellen Beitrages erwecken soll. Der Begriff ist eine Verschmelzung von *advertisement & editorial*. Das B2B-Marketing steht vor der Herausforderung, erklärungsbedürftige Produkte und Leistungen ver-markten zu müssen, die zumeist noch für jeden Kunden individuell zugeschnitten werden müssen. Auf Kundenseite besteht zudem ein ganz anderer Informations-bedarf, wenn ein hohes Investitionsvolumen getätigt und ein aus mehreren Per-sonen gebildetes Buying Center überzeugt werden muss. In solchen Fällen muss B2B-Werbung informativ sein und zugleich Nutzen kommunizieren. Hier setzt ein gutes Advertorial an. Denn während Anzeigen und Banner nur einen Impuls liefern, sich mit einem Thema auseinanderzusetzen, liefert das Advertorial die Information gleich mit.

4.2.4 Display Advertising

Display Advertising, auch als **Bannerwerbung** bezeichnet, ist die Einblendung von Werbemitteln auf Webseiten Dritter verstanden, wobei diese per Hyper-link mit dem Internetangebot des Werbetreibenden verknüpft ist. Beim Display Advertising geht es um alle Werbeanzeigen, die auf Websites im Internet gebucht werden können. Display Advertising ist auf fast jeder Webseite zu finden und kann in Textform, Bild oder als Video an den unterschiedlichsten Stellen vor-kommen. Dieses digitale Kommunikationsinstrument bildet das Zentrum der Online-Werbung. Es lässt sich nochmals in *In-Stream Video Ads* (Online Video Advertising) und in *In-Page Ads* sowie in Sonderformen unterteilen. Zur Gruppe der *In-Page Ads* zählt vor allem der **Banner** als derzeit am weitesten verbreitete Werbeform. Das Banner ist eine grafische Darstellung mit der Möglichkeit zur Interaktion, die durch eine Verknüpfung bzw. Verbindung zu einer anderen Web-site ermöglicht wird. Eine Differenzierung der Vielzahl von existierenden Ban-nern kann nach der Funktionalität (z. B. statische, animierte oder transaktive Banner), der Software bzw. Programmiersprache (DHTML-, Java-, Flash-und Shockwave-Banner) oder nach dem Erscheinungsbild (z. B. Blend Banner, Boun-cing Banner, Expanding Banner, Flying Banner, PopUp Banner) vorgenommen werden (vgl. Roddewig 2003, S. 15).

4.2.5   E-Mail Advertising

E-Mail Advertising ist Teil des **Direktmarketings** und beruht ausschließlich auf der Arbeit mit digitalen Nachrichten. Das **Direktmarketing** (auch als *Direktwerbung* bezeichnet) umfasst alle Kommunikationsmaßnahmen, die darauf ausgerichtet sind, durch eine gezielte Einzelansprache einen direkten Kontakt zum Adressaten herzustellen. Wichtigste Zielsetzung des Direktmarketings im B2B-Sektor ist die gezielte Information von Interessenten und die intensivere Betreuung bestehender Kunden (Kundenbindung) (vgl. Holland 2015, S. 4).

Der „klassische" elektronische Brief wird sowohl individuell zur Erzeugung von Response als auch als Massen-E-Mail insbesondere auch für die Verbreitung von Werbebotschaften (Awareness) eingesetzt. Dies geschieht in der Regel durch die Versendung eines regelmäßigen **Newsletters.** Dabei verursachen E-Mails im Vergleich zu traditionellen postalischen Mailings einen reduzierten Zeit- und Kostenaufwand. Einen hohen Stellenwert nimmt der Einsatz von E-Mail Advertising im Rahmen der Kundenbindung, Kundenakquisition und dem Vertrieb ein. Werblich gesehen entspricht dies dem Adresskauf bzw. bezahlten Platzierungen, um dem Instrument auch in der werblichen Ansprache seinen Platz zu geben.

4.2.6   Keyword Advertising

Keyword Advertising oder auch **Suchmaschinenwerbung** (engl. *Search Engine Advertising – SEA*) ist eine Internet-Werbeform, bei der Textanzeigen auf den Webseiten neben und über den Suchergebnissen, abhängig von den individuellen Schlüsselwörtern (Keywords), angezeigt werden. B2B-Unternehmen haben die Möglichkeit, ihr Produkt- und Leistungsangebot und ihre Website mit Suchbegriffen zu verbinden, die für ihr Angebot relevant sind. Diese Online-Werbeform schließt Streuverluste weitgehend aus und zeichnet sich durch eine hohe Kostentransparenz aus, da der Werbende nur dann bezahlt, wenn ein Interessent auf das entsprechende Suchergebnis klickt *(Pay per Click)*. Eine Schlüsselstellung in der Online-Werbung erhält das Suchmaschinen-Marketing auch dadurch, dass die Suchmaschinen mit deutlichem Abstand die beliebtesten Startseiten im Internet sind, d. h. mehr als die Hälfte der Internet-Nutzer öffnet zunächst eine Suchmaschine als Startseite ihres Internet-Browsers, wenn sie online geht. Dazu räumen die meisten Suchmaschinen oberhalb und rechts der Suchergebnisse die Möglichkeit ein, Textanzeigen zu platzieren. Die Anzeigen erscheinen jeweils, wenn bei der Websuche ein Suchbegriff benutzt wird, der für das werbetreibende Unternehmen relevant und im Vorfeld definiert worden ist (Beispiel: Ein Maschinenbauer schaltet Anzeigen für den Begriff „Revolver- und Automatenbank"). Berechnet werden jeweils nur die Klicks auf die Textanzeige. Der Klickpreis wird in einer Art Auktionsverfahren bestimmt: Jeder Anzeigenkunde legt fest, wie viel er für einen Klick pro Suchbegriff zu zahlen bereit ist. Je mehr Mitbewerber sich für den gleichen Suchbegriff interessieren, desto höher gehen die Gebote und desto teurer wird der Klick.

4.2.7 Affiliate Advertising

Beim **Affiliate Advertising** handelt es sich mehr um eine Online-Vertriebs-kooperation als um eine Werbeform im eigentlichen Sinne. Die Teilnehmer dieser Kooperation sind der *Merchant* (Anbieter) und *Affiliate* (Partner). Der Merchant stellt dem Affiliate Werbemittel (in der ursprünglichen Form) oder Teile seines Angebots zur Verfügung, die dann auf den Webseiten des Affiliate (z. B. AMAZON) eingebunden werden. Es entsteht eine Win-win-Situation für beide Parteien: Der Merchant kann seine Vertriebsreichweite sowie seine Markenpräsenz steigern, der Affiliate erhält dafür eine Provision. Je nach Vereinbarung entstehen dem Merchant nur Kosten für eine von ihm festgelegte Leistung. Dies kann in Form einer Umsatzbeteiligung *(Pay per Order)*, einer Vergütung für einen neuen Besucher *(Pay per Click)* oder für eine Registrierung *(Pay per Lead)* erfolgen (vgl. Roddewig 2003, S. 52 f.).

Ein wichtiges Kriterium für den Merchant bei der Auswahl des Affiliate ist, dass die User-Struktur des zukünftigen Partners mit der eigenen Zielgruppe übereinstimmt. Auch sollte das Akquisitorische Potenzial ausreichen, um eine solche Partnerschaft zu begründen. **Allerdings ist die Einsatzbreite des Affiliate Marketing im B2B-Geschäft überschaubar.**

4.3 Erfolgsmessung im Online-Marketing

Abschließend noch ein Wort zur Erfolgsmessung im Online-Marketing: Die Gestaltung der Online-Angebote immer wieder zu prüfen und den Optimierungsprozess stetig voranzutreiben, ist eine der wichtigsten Aufgaben von Unternehmen, die eine Onlinepräsenz betreiben. Der große Vorteil von Marketingmaßnahmen im Internet ist, dass die Basis, auf der sie ausgeführt werden, nämlich das Internet selbst bzw. die Website, die durch das Internet präsentiert wird, nicht nur die notwendige technische Grundlage zur Durchführung der

Kennzahl	Messkriterium
Kennzahlen zur Qualität der Werbeplätze:	
Visit	Ununterbrochener Nutzungsvorgang eines Besuchers auf einer Website
Hit	Jeder Zugriff eines Browsers auf ein Element der Website
Page-Impressions	Anzahl der Seitenabrufe
Ad-Impressions	Anzahl der aufgerufenen Seiten einer Website
Ad-Clicks	Häufigkeit des Anklickens einer Werbebotschaft (z. B. Banner)
Click-Through-Rate (CTR)	Verhältnis der Ad-Clicks zu den Ad-Impressions (in Prozent)
Unique Visitor	Bestimmte Person, die innerhalb einer gewissen Zeit, Webseiten aufruft
Unique Identified Visitor	Bestimmte Person, die auf der Website registriert ist bzw. er ein Kundenkonto besitzt
Kennzahlen zur Neukundengewinnung:	
Ansprache	Wert der potentiellen Reichweite eines Online-Angebots
Akquisition	Anzahl Kunden, die durch Anklicken einer Werbeanzeige zum Angebot geführt werden
Conversionrate	Prozentualer Anteil der Besucher einer Website mit einer gewünschten Handlung
Kennzahlen zur Kostenkontrolle:	
Cost-per-Click (CPC)	Abrechnungsform für eine Werbetätigkeit auf Basis der erzielten Klicks
Cost-per-Mille (CPM)	Abrechnungsform für eine Werbetätigkeit auf Basis von 1.000 erzielten Kontakten
Cost-per-Order (CPO)	Abrechnungsform für eine Werbetätigkeit auf Basis der erzielten Verkäufe
Cost-per-Conversion (CPC)	Abrechnungsform für eine Werbetätigkeit auf Basis der vereinbarten Handlungen
Kosten pro Zeitintervall	Abrechnungsform für eine Werbetätigkeit auf Basis eines bestimmten Zeitintervalls

© Dialog.Lippold

Abb. 4.3 Wichtige Kennzahlen in der Online-Werbung. (Quellen: Roddewig 2003, S. 152 ff., Amthor 2010, S. 104 f., Kreutzer 2012, S. 187 f.)

Marketingmaßnahmen darstellt, sondern auch ein sehr gutes **Kontrollinstrument** für deren Nutzung ist. Mit anderen Worten, die Wirkung von digitalen Kommunikationsmaßnahmen lässt sich deutlich besser messen, als die von klassischen Kommunikationsinstrumenten. Ein wesentliches Instrument für die Erfolgskontrolle ist der Einsatz eines **Ad-Servers** bestehend aus speziellen Softwareprogrammen (Reporting-Tools), die die Abwicklung, Steuerung und statistische Aufbereitung von komplexen (Banner-)Kampagnen erlauben. Diese Aufbereitung erfolgt in Form von Kennzahlen (engl. *Key Performance Indicators – KPIs*). Im Einzelnen sind die in Abb. 4.3 aufgeführten **Kennzahlen** zur Beschreibung der Qualität für die Werbeplatzvermarktung von Websites von Bedeutung (vgl. Amthor und Brommund 2010, S. 104 f.).

Vertrieb – Optimierung der Kundennähe

5

Der *Vertrieb* ist die vierte Phase und damit das vierte Aktionsfeld im Rahmen des Vermarktungsprozesses von B2B-Leistungen. Es umfasst im Wesentlichen die Festlegung der Vertriebsformen, die Wahl der Vertriebskanäle und der jeweils einzuschaltenden Vertriebsorgane. Der Vertrieb zielt somit auf die Optimierung der *Kundennähe*. Die Notwendigkeit zur Optimierung der Kundennähe und dem damit verbundenen Aufbau einer schlagkräftigen Vertriebsorganisation ergibt sich zwangsläufig durch den Wunsch nach *Ausweitung des potenziellen* Kundenkreises.

Im Mittelpunkt des Aktionsfeldes *Vertrieb* steht der Aufbau eines leistungsfähigen und schlagkräftigen **Vertriebssystems,** das die institutionelle und strukturelle Grundlage der Auftragsgewinnung darstellt. Die Komponenten des Vertriebssystems sind in Abb. 5.1 dargestellt (vgl. Homburg und Krohmer 2009, S. 830).

5.1 Direkter Vertrieb dominiert

Eindeutig vorherrschende Vertriebsform im B2B-Geschäft ist der **direkte Vertrieb.** Er ist dadurch gekennzeichnet, dass der Anbieter den Absatz seiner Leistungen in eigener Regie, also mit seinen unternehmenseigenen Vertriebsorganen durchführt. Einer der Hauptgründe für den Vertrieb über die eigene Organisation liegt in der absoluten **Loyalität** der eigenen Vertriebsmitarbeiter, die sich ausschließlich für die Vermarktung des eigenen Produkt- und Leistungsprogramms einsetzen können und müssen. Ein weiteres Argument für den Direktvertrieb ist die erforderliche **Kenntnis** beim Vertrieb dieser höchst erklärungsbedürftigen Dienstleistungen.

© Springer Fachmedien Wiesbaden GmbH, ein Teil von Springer Nature 2019
D. Lippold, *Neue Perspektiven für das B2B-Marketing,* essentials,
https://doi.org/10.1007/978-3-658-26360-7_5

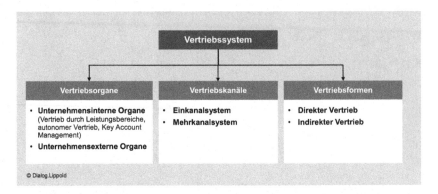

Abb. 5.1 Komponenten des Vertriebssystems

5.1.1 Vertrieb als Problemlöser

Um hochgesteckte Vertriebsziele zu erreichen, reicht es häufig nicht aus, die Vertriebsorganisation rein zahlenmäßig auf- bzw. auszubauen. Es ist vielmehr zusätzlich zu gewährleisten, dass die Vertriebsmitarbeiter den hohen Informations- und Beratungsansprüchen mit einem umfassenden Wissensstand und hinreichender **Qualifikation** entsprechen. Damit ist neben der quantitativen Dimension, die sich allein durch Wachstumsambitionen ergibt, auch das Qualifikationsproblem angesprochen. Mitarbeiter eines Direktvertriebs treten dem Kunden i. d. R. mit einem größeren Problemverständnis gegenüber als eine indirekte Vertriebsorganisation, deren Beratungsleistung häufig zu wünschen übriglässt. Wesentlicher Vorteil des Direktvertriebs ist seine Akzeptanz als kompetenter **Problemlöser,** denn nur für die Vertriebsmitarbeiter der eigenen Organisation lassen sich ein umfassender Wissensstand und eine hinreichende Qualifikation sicherstellen. Daher ist es auch nicht verwunderlich, dass im B2B-Bereich in aller Regel der direkte Vertrieb vorherrscht (vgl. Strothmann und Kliche 1989, S. 17 f.).

5.1.2 Nachteile des direkten Vertriebs

Diesen Vorteilen des direkten Vertriebs stehen allerdings auch **kosten- und kapazitätsmäßige Nachteile** gegenüber. Die Personalkosten für die eigene Vertriebsorganisation müssen im Wesentlichen als fix angesehen werden, da eine kapazitätsmäßige Personalanpassung an Markt- bzw. Nachfrageschwankungen nur in sehr engen Grenzen möglich ist. Da sich im B2B-Geschäft ein (komplexes) Kundenproblem manchmal nicht allein mit den Leistungen (und Produkten) eines einzelnen Anbieters lösen lässt, ist der Direktvertrieb zudem gezwungen, in Generalunternehmerschaften oder ähnliche Vertragskonstruktionen einzusteigen.

5.2 Indirekter Vertriebsweg häufiger bei Produkten

Demgegenüber schaltet der Anbieter beim **indirekten Vertrieb** bewusst unternehmensfremde, rechtlich selbstständige Vertriebsorgane ein. Diese Vertriebsform ist für Unternehmen, die überwiegend im **Produktgeschäft** tätig sind, eine überlegenswerte Alternative. So liegt bei der Erstellung von Produkten ein ganz anderes Geschäftsmodell zugrunde als bei typischen Projektleistungen. Entsprechend ist der Absatz von (standardisierten) Produkten typischerweise über ein Vertriebspartnernetz organisiert: entweder über Händler/Distributoren oder über Value-Added-Reseller (VARs). Zwischen den Begriffen „**Händler**" und „**Distributor**" soll im B2B-Geschäft nicht differenziert werden, weil beide Absatzmittler das gleiche Geschäftsmodell verfolgen: Sie kaufen vom Hersteller Produktlizenzen ein und verkaufen diese nahezu unverändert an andere Händler oder an Endkunden weiter. Neben dem Vertrieb der Produkte übernimmt der Händler/Distributor auch die Beratung und Betreuung der Kunden und ggf. die entsprechende Werbung und Verkaufsförderung. Der Vertrieb über Händler/Distributoren ist für den Produkthersteller i. d. R. immer dann vorteilhaft, wenn es sich um ein relativ geringes Umsatzvolumen pro Transaktion und um geografisch große Märkte handelt, die sich mit einem Direktvertrieb wirtschaftlich nicht sinnvoll abdecken lassen.

5.2.1 „Veredelter" indirekter Vertriebsweg

Der indirekte Vertrieb über **Value-Added-Reseller** geht einen Schritt weiter als der Vertrieb über Distributoren. Während der Distributor das Produkt weitgehend unverändert anbietet, „veredelt" der VAR das Produkt durch wesentliche eigene Komponenten und bietet dem Käufer eine vollständige Lösung an, bei der er das Produkt des Herstellers „mitverkauft" und dafür eine Vermittlungsprovision erhält. Der entscheidende Unterschied zum Distributor besteht darüber hinaus darin, dass der VAR auf Rechnung des Herstellers verkauft und damit nicht Eigentümer der Ware wird. Aufgrund der Komplexität und Erklärungsbedürftigkeit der angebotenen Leistungen sind die indirekten Vertriebswege vornehmlich durch **zwischenbetriebliche Kooperationen** gekennzeichnet. Hierzu zählt neben dem Vertrieb über Händler/Distributoren oder Value-Added-Reseller vor allem die Bildung von strategischen Allianzen.

5.2.2   Strategische Allianzen

Die **strategische Allianz** (auch: strategische Partnerschaft) ist eine besonders intensive Form der Kooperation, bei der beide Partner das Ziel einer langfristigen Steigerung der Rentabilität und Ertragskraft (z. B. durch gemeinsame Markterschließung) verfolgen. Das Management von strategischen Partnerschaften spielt immer dann eine große Rolle, wenn der Anbieter nicht über genügend eigene vertriebliche Ressourcen verfügt. Gleich, ob es sich um eine Vertriebspartnerschaft oder um eine strategische Allianz, ob es sich um ein inländisches oder um ein übernationales Engagement handelt, eine Partnerschaft muss von beiden Seiten „gelebt" und ernst genommen werden. Sie ist nicht zum „Nulltarif" zu bekommen und sollte immer wieder überprüft werden. Ziel einer Partnerschaft – sei es als vertikale Kooperation mit Hardware- oder Softwareherstellern oder als horizontale Kooperation zwischen Wettbewerbern – ist die Schaffung einer **Win-win-Situation** für alle Beteiligten.

5.3   Einkanalsystem vs. Mehrkanalsystem

Vertriebskanäle entstehen durch die Auswahl und Kombination der obigen Vertriebswege. Die Festlegung der Vertriebskanäle ist *strukturell-bindend,* d. h. sie ist kurz- und mittelfristig nur mit erheblichem organisatorischem Aufwand und entsprechenden Kosten revidierbar. Entscheidungen im Zusammenhang mit der Auswahl der Vertriebskanäle haben also **Grundsatzcharakter.** Vornehmlich im B2C-Marketing hat sich eine Vielzahl von Distributionskanälen herausgebildet. Begünstigt durch die Möglichkeiten der Online-Vermarktung nutzen diese Unternehmen mehrere Distributionskanäle für den Absatz ihrer Produkte. Solche **Mehrkanalsysteme** (engl. *Multi-Channel*) sind in sehr unterschiedlichen Branchen zu finden (z. B. Fluggesellschaften, Automobilhersteller, Versicherungsgesellschaften). Für das B2B-Geschäft sind solche Mehrkanalsysteme allerdings weniger von Bedeutung. Hier dominiert eindeutig das **Einkanalsystem,** d. h. der direkte Vertriebskanal. Lediglich B2B-Unternehmen, die neben ihren Produkten auch Beratungsleistungen gleichzeitig in ihrem Angebotsportfolio haben, verfügen in der Regel über zwei Vertriebskanäle: zum einen den direkten Vertriebskanal für das Projektgeschäft und zum anderen den indirekten Vertrieb über Absatzmittler.

5.4 Interne vs. externe Vertriebsorganisation

Zu den Vertriebsorganen zählen alle unternehmensinternen und unternehmens-externen Personen, Abteilungen und Institutionen, die an den Vertriebsaktivitäten beteiligt sind. Bei der **unternehmensinternen Vertriebsorganisation** geht es um die zentrale Frage, ob der Vertrieb aus dem Leistungsbereich heraus wahrgenommen wird oder ob der Vertrieb über eine eigenständige organisatorische Einheit erfolgen soll. Größere Unternehmen bevorzugen in der Regel den „institutionellen" Ansatz, d. h. die Akquisition von Neukunden, die Pflege des vorhandenen Kundenstamms, die Betreuung von Vertriebspartnern (z. B. Händler) sowie das Key Account Management (Betreuung von Groß- bzw. Schlüsselkunden) werden von einer hierfür vorgesehenen organisatorischen Einheit wahrgenommen. Bei den **unternehmensexternen Vertriebsorganen,** die letztlich nur für Beratungsunternehmen interessant sind, die gleichzeitig auch im Produktgeschäft tätig sind, handelt es sich vornehmlich um Distributoren und Value-Added-Reseller (VAR).

5.4.1 Vertriebliche Qualifikationen

Alle bislang genannten vertrieblichen Aufgaben machen nur ansatzweise deutlich, welche vergleichsweise hohen Anforderungen an die Qualifikation des Vertriebs-managements von B2B-Unternehmen in aller Regel zu stellen sind. Im Geschäft mit komplexen Produkten und Leistungen ist neben dem erforderlichen betriebs-wirtschaftlichen Anwendungswissen häufig auch ein sehr fundiertes system-technisches Know-how erforderlich. Da derartige Ansprüche meist schon bei Kontaktaufnahme an den Vertriebsmitarbeiter gestellt werden, müssen die Anbieter darauf bedacht sein, dass gleich zu Beginn des Auswahl- und Entscheidungsprozesses die Kompetenz des Vertriebsmitarbeiters eine Assoziation zur Leistungsstärke des Anbieterunternehmens auf dem Gebiet der nachgefragten Problemlösung auslöst. In diesem Kontext ist auch die Erfahrung einzuordnen, dass der Verkäufer die Sache (also die Leistung) zunächst immer über die (eigene) Person verkauft.

5.4.2 Notwendig: Fach- und Führungskompetenz

Zu dem fachlichen Informationsanspruch, den die Entscheidungsgremien auf der Kundenseite an den Vertrieb stellen, kommen noch die typischen kaufmännischen Gesprächsthemen wie Preise, Fertigstellungstermine, Zahlungsmodalitäten bis hin zu juristischen Feinheiten der Angebots- und Vertragsgestaltung hinzu. Darüber hinaus hängt der Erfolg des persönlichen Verkaufs neben der Persönlichkeit in hohem Maße von der Fachkompetenz (→ Fachebene) und den interaktionsbezogenen Fähigkeiten (→ Beziehungsebene) des Verkäufers ab. Ein wichtiger Erfolgsfaktor ist dabei die angemessene Veränderung des Verkäuferverhaltens innerhalb einer Interaktion mit dem Kunden. Eine derartige flexible Vorgehensweise während des Verkaufsgesprächs wird auch als **Adaptive Selling** bezeichnet. In Abb. 5.2 sind die entsprechenden Kompetenzen eines Key Account Managers beispielhaft in einer Matrix zusammengestellt.

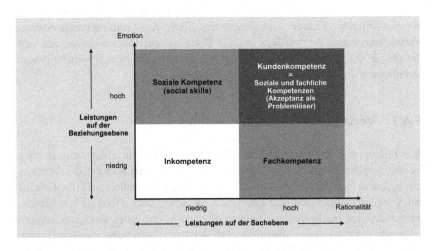

Abb. 5.2 Kompetenzen eines Key Account Managers

Akquisition – Optimierung der Kundenakzeptanz

6

Im B2B-Sektor ist der persönliche Verkauf – also die Akquisition – hauptverantwortlich für den Markterfolg. Bei der *(persönlichen) Akquisition* geht es darum, die vorhandenen Kundenkontakte zu qualifizieren und in Aufträge umzumünzen. Die *Akquisition* ist die fünfte Phase und damit das fünfte Aktionsfeld im Vermarktungsprozess und zielt auf die Optimierung der *Kundenakzeptanz.*

Insbesondere bei erklärungsbedürftigen Produkten und Leistungen zählt der *persönliche Verkauf* zu den wirksamsten, aber zugleich auch zu den teuersten Marketinginstrumenten. Die *Akquisition* ist vielleicht das wichtigste Aktionsfeld nicht nur der Marketing-Gleichung sondern im B2B-Unternehmen insgesamt, da sie die Existenz des Unternehmens maßgeblich bestimmt. Die wesentliche Aufgabe des persönlichen Verkaufs besteht darin, den kundenseitig verlaufenden Auswahl- und Entscheidungsprozess so zu beeinflussen, dass letztlich der Auftrag gewonnen wird. Die Akquisition ist aber nicht nur wichtig für das Neugeschäft, sondern der bereits erbrachte Nachweis der Leistungsfähigkeit hat auch eine verkaufsauslösende Wirkung für das Folgegeschäft. Dieses sog. *Referenz-Selling* ist damit ein aktiver Bestandteil des Aktionsfeldes *Akquisition.*

Im Rahmen des Aktionsfeldes *Akquisition* sollten Antworten auf folgende Fragen gefunden werden (vgl. Lippold 1998, S. 220):

- Wie läuft der organisationale Kaufprozess ab?
- Wie kann der Akquisitionsprozess strukturiert werden?
- Wie lässt sich die Effizienz des persönlichen Verkaufs steigern?
- Für welche Marketing-Aktivitäten sollte dieses teure Instrument eingesetzt werden?
- Wie lässt sich die Abschlussquote erhöhen?
- Wie kann der Akquisitionszyklus verkürzt werden?

© Springer Fachmedien Wiesbaden GmbH, ein Teil von Springer Nature 2019   35
D. Lippold, *Neue Perspektiven für das B2B-Marketing,* essentials,
https://doi.org/10.1007/978-3-658-26360-7_6

6.1   Akquisitionszyklus

Der **Akquisitionszyklus** (engl. *Sales Cycle*) befasst sich mit den vertrieblichen Aktivitäten innerhalb eines Zeitraumes, der sich vom Erstkontakt mit einem Interessenten bzw. Kunden bis zum Auftragseingang oder der Ablehnung eines Angebotes erstreckt. Besonderes Merkmal von stark erklärungs- und unterstützungsbedürftigen Produkten ist ein relativ *langer* Akquisitionszyklus. Neben Entscheidungstragweite und Risiko dürfte die Länge des Akquisitionszyklus von der Anzahl der am Entscheidungsprozess beteiligten Personen (bzw. von der Größe des Buying Center) abhängen. Im Geschäftskundenbereich und bei Systemprodukten kann der Sales Cycle durchaus mehrere Monate oder auch ein Jahr dauern. Die beiden Prozesse, die den Akquisitionszyklus bestimmen, sind der **Leadmanagement-Prozess** sowie der eigentliche **Akquisitionsprozess,** wobei die Grenze zwischen dem Leadmanagement und den nachfolgenden Sales-Prozessen, die zuweilen auch als **Opportunity Management** bezeichnet werden, nicht klar zu ziehen ist. Abb. 6.1 gibt einen Überblick über die verschiedenen Begrifflichkeiten und Prozesse im Vertriebsmanagement.

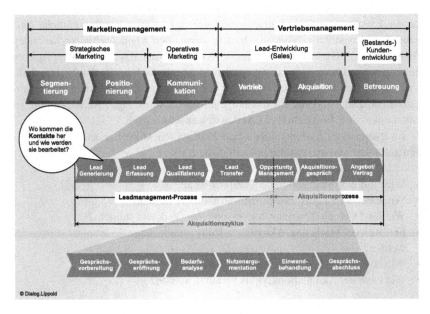

Abb. 6.1 Begrifflichkeiten und Prozesse im Vertriebsmanagement

6.2 Leadmanagement

In Anlehnung an das englische Wort „Lead", das für Hinweis oder Anhaltspunkt steht, wird die systematische Kundenidentifizierung und -verfolgung als **Leadmanagement** bezeichnet. Dabei ist das Leadmanagement nicht auf Interessenten bzw. Neukunden beschränkt, denn auch bei bestehenden Kunden können sich neue Geschäftspotenziale ergeben. Leadmanagement ist die Generierung, Qualifizierung und Priorisierung von Interessenbekundungen der Kunden mit dem Ziel, dem Sales werthaltige Kontakte bereitzustellen (vgl. Leußer et al. 2011, S. 632).

6.2.1 ABC-Analyse zur Lead-Qualifizierung

Eine gute Möglichkeit für eine Qualifizierung von Kontakten ist die ABC-Analyse, die in Abb. 6.2 dargestellt ist. In dem Beispiel dienen der Status des Akquisitionsprozesses, das voraussichtliche Datum der Auftragserteilung und die Einschätzung der eigenen Chancen als Kriterien und damit als Schwellen für die jeweilige Bewertung und Einstufung der Kontakte. Die im Marketing generierten und im Vertrieb qualifizierten Kontakte müssen nun in den Sales Prozessen weiterbearbeitet werden. Dazu ist es erforderlich, die Leads an diejenigen Vertriebsmitarbeiter weiterzuleiten, die diese bearbeiten sollen (**Lead Transfer**).

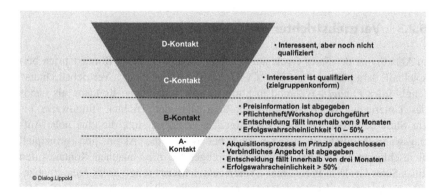

Abb. 6.2 ABC-Analyse bestehender Kontakte im B2B-Bereich (Beispiel)

6.2.2 Pipeline Performance Management

Sales Prozesse gliedern sich in das Opportunity Management sowie das Angebots- und Auftragsmanagement. Beim Opportunity Management geht es darum, die Leads zeitnah in Abschlüsse umzumünzen. Nimmt der Vertrieb bspw. zu spät mit den Interessenten Kontakt auf, kann sich die sogenannte **Konversionsrate** (engl. *Conversion rate*), d. h. die Quote der Geschäftsabschlüsse im Vergleich zu allen Leads, deutlich verschlechtern. Daher haben stark vertriebsorientierte Unternehmen elektronische Eskalationssysteme für Fristüberschreitungen installiert. Das Opportunity Management unterstützt die Vertriebsmitarbeiter durch Analysen zum Status einer Opportunity, der jederzeit abgefragt werden kann, um einen aktuellen Gesamtüberblick über bestehende Verkaufschancen (Abschlusswahrscheinlichkeiten, erwartetes Abschlussvolumen und -datum) zu erhalten (vgl. Leußer et al. 2011, S. 143).

Heutzutage übernehmen moderne **Customer Relationship Management-Systeme** (CRM-Systeme wie z. B. Oracle Siebel, SAP CRM, Salesforce) die Analyse und Verfolgung bestehender Kontakte. Dabei erfolgt die Verwaltung und Dokumentation von Geschäften in Anbahnung nach den einzelnen Stufen (engl. *Stages*) des Sales Cycle. Auf diese Weise ist es möglich, Vertriebsanalysen, Auftragswahrscheinlichkeiten und Erfolgsquotenmessungen je Kontaktstufe vorzunehmen. Ein so eingerichtetes **Pipeline Performance Management** erlaubt überdies periodenspezifische Vertriebsprognosen anhand der Bewertung der ungewichteten oder gewichteten Vertriebspipeline auf jeder Kontaktstufe.

6.2.3 Vertriebstrichter oder Vertriebsfilter?

In Abb. 6.3 ist der Sales Cycle auf der Grundlage von sieben Kontaktstufen beispielhaft dargestellt. Der Sales Cycle hat die Form eines „Vertriebstrichters" (engl. *Sales Funnel*). Während in Stufe (Stage) 1 sämtliche Kontakte als Leads des Unternehmens erfasst sind, verdünnt sich der Trichter stufenweise bis zur Stufe 7, in der nur noch jene Kontakte enthalten sind, die eine hohe Auftragswahrscheinlichkeit besitzen und bei denen die Akquisition prinzipiell abgeschlossen ist. Es hat sich dabei durchgesetzt, die einzelnen Kontaktstufen eines Sales Cycle in Form eines „**Vertriebstrichters**" (engl. *Sales Funnel*) abzubilden. Allerdings ist diese Bezeichnung verwirrend, denn bei einem Trichter kommt alles, was man oben in ihn hineingegeben hat, auch unten wieder heraus. Das ist beim Akquisitionsprozess ganz anders, denn auf jeder Kontaktstufe

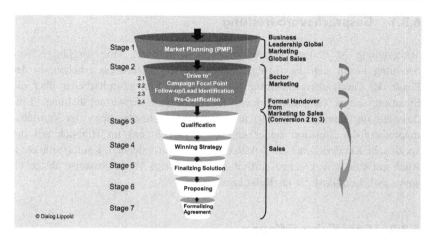

Abb. 6.3   Beispiel für einen Sales Funnel

werden Kontakte, die nicht weiterverfolgt werden sollen, herausgefiltert. Daher wäre „**Vertriebsfilter**" die treffendere Bezeichnung.

6.3   Das Akquisitionsgespräch

Der wichtigste Teil des Aktionsfeldes „Akquisition" ist das Akquisitionsgespräch. Im Rahmen eines **strukturierten Verkaufsgesprächs** werden dabei folgende sechs Phasen durchlaufen (vgl. Heitsch 1985, S. 181 ff.):

- Gesprächsvorbereitung
- Gesprächseröffnung
- Bedarfsanalyse
- Nutzenargumentation
- Einwandbehandlung
- Gesprächsabschluss

Wesentlich ist, dass diese Phasen nicht zwingend in obiger Reihenfolge durchlaufen werden müssen. Auch kann es sein, dass die eine oder andere Phase übersprungen werden kann. So wird ein Abschlussgespräch andere Schwerpunkte bei den Gesprächsphasen legen als ein Kontaktgespräch oder ein Informationsgespräch.

6.3.1 Gesprächsvorbereitung

Vorbereitung ist vorgedachte Wirklichkeit, d. h. durch eine sorgfältige Vorbereitung lassen sich die Erfolgschancen im Verkaufsprozess erhöhen. In der Phase der Gesprächsvorbereitung sollte sich der Vertriebsmitarbeiter über die Situation seines Gesprächspartners (Zielsetzungen, Erwartungshaltung, Einfluss auf die Kaufentscheidung) informieren. Gleichzeitig muss der Vertriebsmitarbeiter die Situation seines eigenen Unternehmens im Hinblick auf die spezifische Kundensituation reflektieren (Kundenzufriedenheit, Kaufhistorie etc.). Auch muss er seine eigenen Vertriebsziele und seine Vorgehensweise abstecken sowie evtl. Konfliktstoffe ins Kalkül ziehen.

6.3.2 Gesprächseröffnung

Die Gesprächseröffnung ist deshalb so wichtig, weil der erste Eindruck, den sich ein Gesprächspartner von seinem Gegenüber macht, sehr viel nachhaltiger ist, als die Zeitabschnitte, die dann folgen. So haben Verhaltensforscher nachgewiesen, dass es max. 30 s dauert, bis zwei wissen, ob sie sich sympathisch sind oder nicht. Der erste Eindruck bestimmt das Akquisitionsgespräch also in hohem Maße, wobei auch „Kleinigkeiten" wie z. B. Kleidung zählen. Hinzu kommt, dass es wesentlich leichter ist, einen guten Eindruck aufrechtzuerhalten als einen negativen Eindruck aufzuheben und positiv neuzugestalten. Da es dem Gesprächspartner an Erfahrung mit seinem Gegenüber mangelt, wird er alles an Vorurteilen und Augenblickseindrücken heranziehen, um sich ein Urteil über sein Gegenüber zu bilden (vgl. Heitsch 1985, S. 275).

In diesem Zusammenhang ist es wichtig, dass der Vertriebsmitarbeiter auf seine Sprache, Gestik, Mimik und Körperhaltung besonders achtet. Auch muss er sich ein genaues Bild von der Gesprächsatmosphäre, von der Rollen- und Machtverteilung seiner Gesprächspartner und von der eigenen Situation im Gespräch machen (vgl. Homburg und Krohmer 2009, S. 862).

6.3.3 Bedarfsanalyse

Der Bedarfsanalyse kommt bei Erst- und Kontaktgesprächen eine besondere Bedeutung zu. Hier geht es darum, die Kaufmotive des Kunden zu ergründen. Diese Kaufmotive sind personenbezogen und haben einen Einfluss auf die einzusetzenden Argumente des Verkäufers. Ist das dominante Kaufmotiv des

Ansprechpartners bspw. *Sicherheit,* so sollte der Vertriebsmitarbeiter mit Formulierungen wie „... das sichert Ihnen ..." oder „...das gewährleistet Ihnen ..." verstärkt den Sicherheitsaspekt ansprechen. Ist das Kaufmotiv dagegen *Kosten* oder *Gewinn,* so sind Verbalisierung wie „... das bringt Ihnen ..." oder „... damit erreichen Sie ..." wirkungsvolle Formulierungen.

In dieser Phase gilt es, konzentriert *aktiv* (z. B. in Form von Fragen) oder *passiv* (z. B. in Form von signalisierter Zuwendung und Interesse) zuzuhören. Der Einsatz von Fragetechniken (offene und geschlossene Fragen) steht im Zentrum der Bedarfsanalyse, denn wer fragt, führt das Gespräch.

6.3.4 Nutzenargumentation

Die Nutzenargumentation im Rahmen des Verkaufsgesprächs (engl. *Benefit Selling*) sollte vor dem Hintergrund erfolgen, dass der Kunde keine Produkte erwerben will, sondern den Nutzen bzw. den Vorteil, den er sich von dem Produkt erhofft. D. h. die verwendeten Argumente müssen den Nutzen von Leistungsmerkmalen anschaulich und glaubhaft machen. Solche **Merkmals-/Nutzen-Argumentationen** werden dann zu schlagenden Argumenten, wenn sie zusätzlich die Motivlage des Ansprechpartners treffen („Der Köder soll dem Fisch schmecken und nicht dem Angler").

Solche Motive können sein:

• Anerkennung
• Geld und Sicherheit
• Neugier und Entdeckung
• Gesundheit und Entlastung.

6.3.5 Einwandbehandlung

Einwände sind für jeden Verkäufer lästig. Sie ziehen seine Glaubwürdigkeit in Zweifel oder zeigen, dass der Kunde die Argumente nicht verstanden hat oder nicht verstehen will. In jedem Fall verzögern Einwände das Verkaufsgespräch. Ursachen für Einwände können sein, dass die gegebenen Informationen nicht verstanden werden. Es kann aber auch sein, dass der Gesprächspartner die Information sehr wohl verstanden hat, diese aber anders bewertet. Schließlich kann es auch sein, dass der Kunde im Vorfeld des Verkaufsgesprächs andere Informationen hatte und ihn zu anderen Schlüssen kommen lässt.

Ziel der Einwandbehandlung ist es, eine gemeinsame Informationsbasis zwischen Verkäufer und Kunden zu schaffen, d. h. es sollte eine Einigung über die Bewertung der Informationen bestehen, ohne dass es Sieger oder Besiegte gibt.

Die Einwandbehandlung wird in den einschlägigen Vertriebstrainings und Verkäuferschulungen immer wieder geprobt. Bewährte **Einwandbehandlungstechniken** sind

- die „Ja-aber-Methode",
- die „Gesetzt-den-Fall-dass-Methode",
- die „Pro-und-Kontra-Methode",
- die Vorwegnahme des Einwands,
- das Wiederhohlen und Versachlichen der Einwände sowie
- die Bumerang-Methode, bei der ein Einwand in ein positives Argument umgewandelt wird („… ja, gerade deshalb …").

Bei der Behandlung von Einwänden geht es letztlich nicht darum, wer Recht hat. Selbst wenn der Verkäufer immer Recht bekommt, unterliegt er mindestens einmal: Wenn er die Unterschrift unter den Vertrag nicht bekommt.

6.3.6 Gesprächsabschluss

Für den Kunden kommt die Entscheidung fast immer zu früh, denn es besteht in aller Regel – trotz bester Argumente – immer noch ein Stück Restunsicherheit. Trotzdem: Wenn alle Fragen geklärt sind und keine Einwände mehr bestehen, ist die Zeit für eine Entscheidung reif. Häufig sendet der Kunde auch bereits **Kaufsignale**, z. B. wenn er sehr häufig und unaufgefordert zustimmt oder Fragen stellt, die erst nach dem Kauf relevant sind. Weitere Kaufsignale können sein, dass sich der Kunde nach der Erfahrung anderer Kunden (→ Referenzen) erkundigt, um die eigene Entscheidung final abzusichern. Ein recht zuverlässiges Kaufsignal ist auch, wenn der Kunde bereits nach Zahlungsterminen fragt oder sich mit Details beschäftigt, die ebenfalls erst nach dem Kaufabschluss zu Tragen kommen. Wenn der Kunde ungeduldig wird, sollte man darauf verzichten, seine noch so guten Argumente fortzuführen. Der Kunde entscheidet!

6.4   Akquisitionscontrolling und KPIs im Vertrieb

Das Akquisitionscontrolling sollte im Akquisitionszyklus eine ganz besondere Bedeutung haben, denn die persönliche Akquisition und damit der direkte Vertriebsweg ist zweifellos der bedeutendste Kostenfaktor im Vermarktungsprozess von B2B-Produkten und -Leistungen. Jede Stunde, die der Vertriebsmitarbeiter mit vertrieblich unproduktiven Tätigkeiten verbringt, fehlt für die qualifizierte Vertriebsarbeit. Abb. 6.4 zeigt als Beispiel die Ergebnisse einer Untersuchung, die ein führendes Software- und Beratungsunternehmen durchgeführt hat und zum Anlass nahm, seine Vertriebsorganisation grundlegend neu zu formieren.

Um die oben angesprochenen „Luftnummern" rechtzeitig zu erkennen, bietet es sich an, bereits direkt im Verkaufsgespräch oder im Vertriebsaudit **Akquisitions schwellen** zusetzen. Mögliche Fragen in diesem Zusammenhang sind in Abb. 6.5 aufgeführt.

Für den Vertriebsbereich bietet sich eine ganze Reihe wichtiger Kennzahlen (engl. *Key Performance Indicators – KPIs*) als **Steuergrößen** bzw. verdichtete Informationen über quantifizierbare Tatbestände im Akquisitionsprozess an. Allerdings gibt es nicht die „besten Kennzahlen" oder das „beste Kennzahlensystem" – zu unterschiedlich sind Ziele und Strategien einzelner Unternehmen und Branchen. Abb. 6.6 zeigt eine Auswahl (vgl. Bitkom 2006, S. 2 ff.).

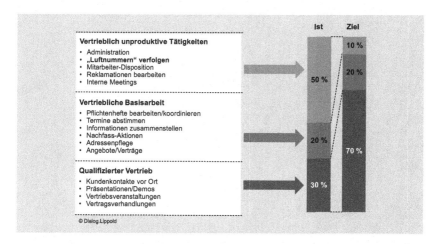

Abb. 6.4 Tätigkeiten eines Vertriebsbeauftragten im Software- und Beratungsbereich

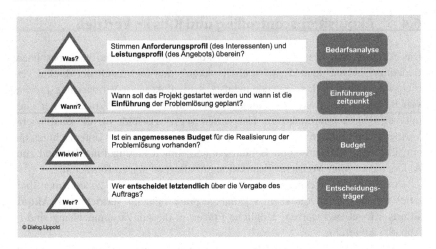

Abb. 6.5 Vier Fragen zur Überprüfung der Ernsthaftigkeit eines Akquisitionskontaktes

Phase des Akquisitionszyklus	Kennziffer	Ziel
Lead Generierung	• Rücklaufquote (Feedback) pro Vertriebs-/Marketingaktion	• Erfolg der Aktionen erhöhen
	• Prozentualer/absoluter Anteil von Messe-/Event-/Aktionsaufwendungen am Marketingbudget	• Marketingkosten ergebnisorientiert steuern
	• Veranstaltungsindex bestehend aus Hausmessen/Ausstellungen/Roadshow, Messen, Präsentationen, Demo's etc.	• Erfolgsorientiertes Eventmanagement
	• Adress-/Bedarfs-qualifiziertes Potenzial zu Gesamtpotenzial	• Direktmarketingkosten optimieren
Lead Qualifizierung	• Gewonnene Prospects, d. h. das Verhältnis der Anzahl der bearbeiteten Leads in einer Kategorie mit hoher Abschlusswahrscheinlichkeit zur nächst niedrigeren Stufe	• Messung und Steuerung des Lead-Qualifizierungsprozesses
	• Forecast Sales Pipeline	• Planbarkeit AEs erhöhen
Akquisitionsprozess (Abschluss)	• Realisierte Auftragseingangs-, Umsatz-, DB-Quote, d. h. Anzahl Mitarbeiter zu Auftragseingang, Umsatz, DB	• Erhöhung der Vertriebsproduktivität
	• Angebotserfolgsquote, d. h. die Anzahl der erfolgreichen Angebote im Verhältnis zu allen abgegebenen Angeboten	• Angebotserfolge erhöhen
	• Total Contract Value (TCV) abgegebener Angebote	• Transparenz der TCV-Entwicklung
	• Auftragsverlustquote, d. h. Anzahl der nicht erzielten Aufträge im Verhältnis zu allen abgegebenen Angeboten	• Anzahl der Aufträge aus Angeboten erhöhen
	• Gewährte Rabatte/Erlösschmälerungen zu Brutto-Auftragseingang/Umsatz-Auftragswerten	• Einhaltung geplanter Marktpreise
	• Neukundenquote, d. h. Anzahl der Aufträge bei Erstkunden im Verhältnis zur Anzahl aller Aufträge innerhalb einer definierten Periode	• Entwicklung des Neugeschäfts
	• Entwicklung des Kundenbestands („Schlagzahl")	• Erhöhung der Angebotsattraktivität
	• Abschlussquote (engl. Conversion rate), d. h. Anzahl aller erzielten Aufträge im Verhältnis zur Gesamtzahl der Auftragserwartungen innerhalb einer definierten Periode	• Klarheit über die erfolgreichen Zielkundensegmente erhalten
	• Auftragsquote, d. h. Anzahl der erzielten Aufträge pro 10 Kundenbesuche	• Verbesserung der Vertriebseffektivität
	• Zeitlicher Anteil der Vertriebskontakte im Verhältnis zur gesamt verfügbaren Arbeitszeit	• Produktivität der Vertriebsmitarbeiter optimieren

© Dialog.Lippold

Abb. 6.6 Ausgewählte Akquisitionskennzahlen

Betreuung – Optimierung der Kundenzufriedenheit

7

Die *Betreuung* ist die sechste Phase und das letzte wichtige Aktionsfeld im Rahmen des Vermarktungsprozesses von Beratungsleistungen. Da die Marketingaktivitäten eines Unternehmens nicht mit dem Auftragseingang enden, zielt die Betreuung auf die Optimierung der *Kundenzufriedenheit* ab. Die Komponente *Betreuung* unterscheidet sich insofern von den übrigen Aktionsfeldern der Marketing-Gleichung, weil sie erst *nach* der Auftragsvergabe zur Wirkung gelangt. Innerhalb des Vermarktungsprozesses ist sie der *Post-sales-Phase* zuzuordnen.

7.1 Zweifache Bedeutung des Aktionsfeldes „Betreuung"

Dem Aktionsfeld *Betreuung* kommt in zweifacher Hinsicht eine besondere Bedeutung zu. Zum einen ist die vorhandene Kundenbasis immer dann das am leichtesten zu erreichende Absatzpotenzial für das **Folgegeschäft,** wenn es gelingt, die bisherige Beziehung zur Zufriedenheit des Kunden zu gestalten. Im B2B-Marketing mit komplexen Produkten und Leistungen ist dies dann der Fall, wenn das Projekt aufwandsgerecht durchgeführt wird, der Funktionsumfang den Erwartungen entspricht und das Kundenunternehmen auch nach dem Projekteinsatz das Gefühl hat, jederzeit kompetent (und bevorzugt) betreut zu werden. Mit den daraus resultierenden Folgeaufträgen wächst das Unternehmen mit seinem Kunden. Zum anderen ist ein gut betreuter Kunde in idealer Weise auch immer eine **Referenz** für das **Neugeschäft,** d. h. zur Gewinnung neuer Kunden. Besonders im B2B-Geschäft sind Referenzen in einem Markt, dessen Entscheidungsprozesse häufig vom Kaufmotiv *Sicherheit* geprägt sind, in vielen Fällen ein wesentlicher Schritt zur Absicherung der Kaufentscheidung. In Abb. 7.1 sind die beiden grundsätzlichen

© Springer Fachmedien Wiesbaden GmbH, ein Teil von Springer Nature 2019
D. Lippold, *Neue Perspektiven für das B2B-Marketing,* essentials,
https://doi.org/10.1007/978-3-658-26360-7_7

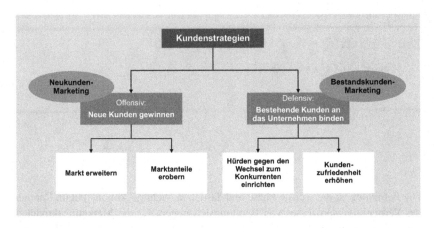

Abb. 7.1 Kundenstrategien im Aktionsbereich Betreuung. (Quelle: Kotler et al. 2007, S. 59)

Kundenstrategien, also das Neukunden-Marketing (→ Neugeschäft) und das Bestandskunden-Marketing (→ Folgegeschäft) dargestellt. Hierbei sollte aber kein „entweder – oder", sondern ein „sowohl als auch" im Mittelpunkt strategischer Überlegungen stehen.

7.2 Bausteine eines integrierten Kundenmanagements

Angesichts der stärkeren Beachtung des Post-Sales-Geschäfts sind die Unternehmen gefordert, die Rahmenbedingungen zur Umsetzung von Kundenorientierung zu schaffen bzw. zu verbessern. Dazu zählt nicht nur die Auswahl der einzelnen Bausteine der Kundenorientierung, sondern vor allem deren Integration zu einem ganzheitlichen Kundenmanagement. Zu den **Bausteinen eines integrierten Kundenmanagements** zählen im Wesentlichen

- ein **Kundenbindungsmanagement** zur Festigung individueller Kundenbeziehungen,
- ein **Qualitätsmanagement** zur Verbesserung der Produktqualität,
- ein **Servicemanagement** zur Verbesserung der Servicequalität und
- ein **Beschwerdemanagement** zur Vermeidung von Kundenabwanderungen.

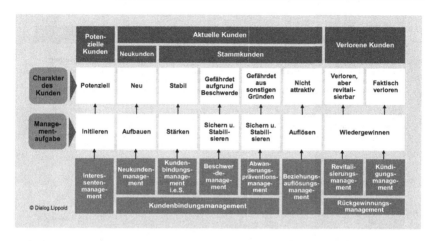

Abb. 7.2 Bereiche des Kundenmanagements. (Quelle: In Anlehnung an Stauss und Seidel 2002, S. 31)

Um die einzelnen Ziele und Aktivitäten des Kundenmanagements zu charakterisieren, bietet es sich an, die **Zielgruppen** des Kundenmanagements in potenzielle Kunden (Interessenten), Neukunden, Stammkunden und verlorene Kunden zu unterteilen. Ordnet man nunmehr den Zielgruppen die jeweils opportune Managementaktivität zu, so ergibt sich das in Abb. 7.2 gezeigte Schema.

7.3   Kundenbeziehungsmanagement

Um die Betreuung, d. h. um die Bearbeitung der Bestandskunden zu optimieren, ist es erforderlich, sich zunächst mit den Aspekten des Kundenbeziehungsmanagement s zu befassen. Das Kundenbeziehungsmanagement, das auch als Beziehungsmarketing bezeichnet wird, hat seinen Ursprung im B2B-Bereich und hier insbesondere im System- und Anlagengeschäft, wo besonders vielschichtige und intensive Kundenbeziehungen typisch sind. Prinzipiell steht das Beziehungsmarketing im Gegensatz zum Transaktionsmarketing. Beim **Transaktionsmarketing** steht der reine Verkaufsakt im Vordergrund. Das **Beziehungsmarketing** betrachtet dagegen die Austauschbeziehungen zwischen Anbieter und Nachfrager prozessual und ganzheitlich. Damit wird es beeinflusst von den betriebswirtschaftlichen Zusammenhängen zwischen **Kundenbindung und Gewinnerzielung**. Abb. 7.3 zeigt die wesentlichen Unterschiede zwischen dem Transaktions- und dem Beziehungsmarketing auf.

Transaktionsmarketing	Beziehungsmarketing
Orientierung am kurzfristigen Transaktionserfolg • Priorität der kurzfristigen Kundenabschöpfung • Wachstum durch neue Kunden • Transaktionsorientierte Sicht der Kundenbeziehung	**Orientierung am langfristigen Beziehungserfolg** • Langfristige Ausschöpfung aller Kundenpotentiale • Wachstum durch Kundenbindung • Evolutorisches Verständnis der Kundenbeziehung
Prioritäten des Produkterfolges • Umsatz und Marktanteil als oberste Marketing-Ziele • Gesamtmarkt – oder Segmentbetrachtung • Kontrolle der Vorteilhaftigkeit von Transaktionen	**Priorität des Kundenerfolgs** • Kundennähe, -zufriedenheit und -bindung als Ziele • Individuelle Steuerung von Kundenbeziehungen • Vertrauen in Fairness der Geschäftsprozesse
Aktionistische Marketingprozesse • Breitangelegte Kommunikation • Standardisierte Marketingaktivitäten • Klare Grenzen zum Kunden	**Interaktive Marketingprozesse** • Dialog-Kommunikation • Individualisierte Marketingaktivitäten • Integration des Kunden

© Dialog.Lippold

Abb. 7.3 Transaktionsmarketing vs. Relationship Marketing. (Quelle: Becker 2009 unter Bezugnahme auf Stauss 2000)

7.3.1 Beziehungsmarketing als B2B-Erfolgsweg

Die Gegenüberstellung darf aber nicht so verstanden werden, dass das Beziehungsmarketing dem Transaktionsmarketing immer und in jeder Weise überlegen ist. Die Entscheidung, ob Transaktionsmarketing oder Beziehungsmarketing der bessere Weg ist, hängt auch von den Wünschen und Vorstellungen des einzelnen Kunden ab. Eine Vielzahl von Kunden schätzt ein umfassendes Produkt- und Leistungsangebot und bleibt lange Zeit Stammkunde. Andere Kunden hingegen zielen auf Kostenvorteile und wechseln bei niedrigeren Kosten sofort den Anbieter. Insofern ist das Beziehungsmarketing nicht bei allen Kunden der richtige Ansatz, da sich die hohen Aufwendungen der Beziehungspflege nicht immer bezahlt machen. Bei Kunden jedoch, die sich gern auf ein bestimmtes Leistungspaket festlegen und zudem eine kontinuierliche und gute Betreuung erwarten, ist das Beziehungsmarketing ein außerordentlich wirkungsvolles Instrument und dürfte im B2B-Sektor der Erfolgsweg sein.

7.3.2 Customer Relationship Management

Customer Relationship Management (CRM) steht für die konsequente Ausrichtung aller Unternehmensprozesse auf den Kunden. Der Kerngedanke des

CRM ist die Steigerung des Unternehmens- und Kundenwerts durch das systematische Management der existierenden Kundenbeziehungen. Mit CRM lassen sich besonders wertvolle Kundengruppen identifizieren und mit gezielten Maßnahmen der Kundenbindung (engl. *Customer Retention*) an das Unternehmen binden. Dies wird durch Konzepte wie Loyalitätsmaßnahmen, Personalisierung und Dialogmanagement erreicht. Ein leistungsfähiges CRM-System sollte folgende strategischen Fragen beantworten können:

- Welche Kunden sind die profitabelsten in der Dauer der Kundenbeziehung und wie unterscheiden sich diese in ihrem Verhalten und ihren Prozessen?
- Welche Leistungen und Personalisierungsangebote müssen geboten werden, damit sie dem Unternehmen langfristig verbunden bleiben?
- Wie können ähnliche neue profitable Kunden nachhaltig gewonnen werden?
- Wie lässt sich ein differenziertes Leistungsangebot für unterschiedliche Kunden entwickeln ohne die Kosten zu erhöhen?

Zur Beantwortung dieser Fragen benötigen Unternehmen differenzierte Daten über ihre Kunden. Diese sind zumeist in mehr oder weniger strukturierter Form (als numerische Daten, als Fließtext, als Grafiken etc.) in verschiedenen Kunden- oder Produktdatenbanken des Unternehmens vorhanden. Für Zwecke des Customer Relationship Management müssen diese Daten in geeigneten IT-gestützten CRM-Systemen zusammengefügt werden, um die notwendigen Kundeninformationen herausfiltern zu können. Wesentliche Instrumente dazu sind Data Warehouse- und Data Mining-Systeme.

7.3.3 Kundenlebenszyklus

Trotz aller bindungserhaltenden und -steigernden Maßnahmen halten Geschäfts- bzw. Kundenbeziehungen nicht ewig. Ähnlich wie bei Produkten unterliegt auch die Kundenbeziehung einem Lebenszyklus. Der Kundenbeziehungs- bzw. **Kundenlebenszyklus** (engl. *Customer Lifecycle*) beschreibt idealtypisch die verschiedenen Phasen einer (langfristigen) Geschäftsbeziehung. Danach können sechs Phasen unterschieden werden:

- Anbahnungsphase
- Explorationsphase
- Expansionsphase

- Reife- bzw. Gefährdungsphase
- Kündigungsphase
- Revitalisierungsphase.

In Abb. 7.4 sind die Phasen des Kundenlebenszyklus entsprechenden Management-aufgaben zugeordnet.

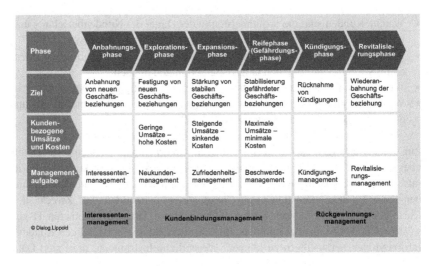

Abb. 7.4 Phasen des Kundenlebenszyklus

Was Sie aus diesem *essential* mitnehmen können

- Hintergrundinformationen über Effektivität und Effizienz von Marketing und Vertrieb im B2B-Bereich
- Einen umfassenden Handlungsrahmen für alle wichtigen Vermarktungsaktivitäten im B2B-Bereich
- Anwendung der Marketing-Gleichung in nahezu allen B2B-Sektoren
- Das Ineinandergreifen der einzelnen Aktionsbereiche der Marketing-Gleichung für B2B-Märkte

© Springer Fachmedien Wiesbaden GmbH, ein Teil von Springer Nature 2019   53
D. Lippold, *Neue Perspektiven für das B2B-Marketing,* essentials,
https://doi.org/10.1007/978-3-658-26360-7

Literatur

Alderson W (1957) Marketing behavior and executive action, II Aufl. Irwin, homewood

Amthor A, Brommund T (2010) Mehr Erfolg durch Web Analytics: ein Leitfaden für Marketer und Entscheider. Hanser, München

Backhaus K, Voeth M (2010) Industriegütermarketing, 9. Aufl. Vahlen, München

BITKOM (Hrsg) (2006) Vertriebskennzahlen für ITK-Unternehmen. Leitfaden Vertriebs-Measurement

BITKOM (Hrsg) (2010) Phasen im Leadmanagement-Prozess. Leitfaden

Große-Oetringhaus W (1986) Die Bedeutung des strategischen Marketings für den Vertrieb. Siemens-interne Vortragsvorlage, München

Heitsch D (1985) Das erfolgreiche Verkaufsgespräch, 2. Aufl. Moderne Industrie, Landsberg am Lech

Holland H (2014) Dialogmarketing – Offline und Online. In: Holland H (Hrsg) Digitales Dialogmarketing: Grundlagen, Strategien, Instrumente. Gabler, Wiesbaden, S 3–28

Homburg C, Krohmer H (2009) Marketingmanagement. Strategie – Umsetzung – Unternehmensführung, 3. Aufl. Gabler, Wiesbaden

Kotler P, Armstrong G, Wong V, Saunders J (2011) Grundlagen des Marketing, 5. Aufl. Pearson, München, S 2011

Kuß A (2013) Marketing-Theorie. Eine Einführung, 3. Aufl. Springer Gabler, Wiesbaden

Leußer W, Hippner H, Wilde KD (2011) CRM – Grundlagen, Konzepte und Prozesse. In: Hippner H, Hubrich B, Wilde KD (Hrsg) Grundlagen des CRM – Strategie, Geschäftsprozesse und IT-Unterstützung. Gabler, Wiesbaden

Lippold D (1993) Marketing als kritischer Erfolgsfaktor der Softwareindustrie. In: Arnold U, Eierhoff K (Hrsg) Marketingfocus: Produktmanagement. Schäffer Poeschel, Stuttgart, S 223–236

Lippold D (1998) Die Marketing-Gleichung für Software. Der Vermarktungsprozess von erklärungsbedürftigen Produkten und Leistungen am Beispiel von Software, 2. Aufl. M&P Schäffer Poeschel, Stuttgart

Lippold D (2010) Die Marketing-Gleichung für Unternehmensberatungen. In: Niedereichholz et al (Hrsg) Handbuch der Unternehmensberatung, Bd. 2, 7440. Schmidt, Berlin

Lippold D (2018) Die Unternehmensberatung. Von der strategischen Konzeption zur praktischen Umsetzung, 3. Aufl. Springer Gabler, Wiesbaden

© Springer Fachmedien Wiesbaden GmbH, ein Teil von Springer Nature 2019

D. Lippold, *Neue Perspektiven für das B2B-Marketing,* essentials,

https://doi.org/10.1007/978-3-658-26360-7

Mühlenhoff M, Hedel L (2014) (2014): Internet als Marketinginstrument – Werbeorientierte Kommunikationspolitik im digitalen Zeitalter. In: Holland H (Hrsg) Digitales Dialogmarketing. Grundlagen, Strategien, Instrumente. Springer Gabler, Wiesbaden, S 517–535

Roddewig S (2003) Website Marketing. So planen, finanzieren und realisieren Sie den Marketing-Erfolg Ihres Online-Auftritts. Vieweg+Teubner, Braunschweig

Strothmann K-H, Kliche M (1989) Innovationsmarketing. Markterschließung für Systeme der Bürokommunikation und Fertigungsautomation. Gabler, Wiesbaden

Webster FE, Wind Y (1972) Organizational Buying Behavior. Englewood Cliffs, N. J.

Weiterführende Literatur

Baumgarth C (2004) Markenführung von B-to-B-Marken. In: Bruhn M (Hrsg) Handbuch Markenführung. Gabler, Wiesbaden

Blake RR, Mouton JS (1972) Besser verkaufen durch GRID. Econ-Verl, Düsseldorf

Hienerth C (2010) Kennzahlenmodell zur Erfolgsbewertung des E-Commerce. Analyse am Beispiel eines Mehrkanaleinzelhändlers. Gabler, Wiesbaden

Jost A (2000) Kundenmanagementsteuerung – Erweiterung der Vertriebssteuerung im Rahmen umfassender CRM-Systeme. In: Bliemel F, Fassott G, Theobald A (Hrsg) Electronic Commerce – Herausforderungen – Anwendungen – Perspektiven, 3. Aufl. Gabler, Wiesbaden, S 331–348

Kleinaltenkamp M (2000) Einführung in das Business-to-Business Marketing. In: Kleinaltenkamp M, Plinke W (Hrsg) Technischer Vertrieb: Grundlagen des Business-to-Business Marketing, 2. Aufl. Springer, Berlin, S 171–247

Lippold D (2018) Wie mit vier Fragen ein scheinbar ernsthafter Vertriebskontakt entzaubert werden kann. https://lippold.bab-consulting.de/wie-mit-vier-fragen-ein-scheinbar-ernsthafter-vertriebskontakt-entzaubert-werden-kann2. Zugegriffen: 20. Febr 2019

Lippold D (2018) Wo Buying Center und Selling Center aufeinandertreffen. https://www.marconomy.de/wo-buying-center-und-selling-center-aufeinandertreffen-a-765833/. Zugegriffen: 20. Febr 2019

Lippold D (2019) B2B Marketing und Vertrieb à la Carte. https://lippold.bab-consulting.de/b2b-marketing-und-vertrieb-a-la-carte. Zugegriffen: 20. Febr 2019

Menthe T, Sieg M (2013) Kundennutzen: die Basis für den Verkauf. So verwandeln Sie Leistungen in messbaren Mehrwert. Gabler, Wiesbaden

Oberstebrink T (2013) So verkaufen Sie Investitionsgüter: Von der Commodity bis zum Anlagenbau: Wie Sie im harten Wettbewerb neue Kunden gewinnen. Gabler, Wiesbaden

Runia P, Wahl F, Geyer O, Thewißen C (2011) Marketing. Eine prozess- und praxisorientierte Einführung, 3. Aufl. Oldenbourg, München

Stauss B (2000) Perspektivenwandel: Vom Produktlebenszyklus zum Kundenbeziehungslebenszyklus. Thexis 2(2000):15–18

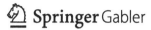

springer-gabler.de

Dirk Lippold

Die Unternehmensberatung

Von der strategischen Konzeption
zur praktischen Umsetzung

3. Auflage

Springer Gabler

Jetzt im Springer-Shop bestellen:
springer.com/978-3-658-21091-5

Printed in the United States
By Bookmasters